文化とまちづくり叢書

まちづくりと共感、協育としての観光

地域に学ぶ文化政策

井口 貢 編著

水曜社

はじめに

「日本がおかしくなっている」という意の言説に昨今しばしば出会う。なぜなのだろうかとふと思う。「日本の○○がおかしくなっている」と言葉を補完したときに、○○の部分に読者の皆さんは何を入れるだろうか。何割かの人が「教育」を入れるかもしれない。私自身、教員の末席を汚して20数年たつし、さらに極端なことをいえば小学校入学以来ほとんど「学校現場」の世界以外を知らずに40数年を過ごしてきた。

その長い年月の中で、私が直感的に感じていることは、学校現場における過敏な反応と、無責任体制の過剰なまでの増幅であった。その背後にあるのは、他者に対する極端なまでの共感の念の欠如と、過度に及ぶ自己愛と自己保身の蔓延、その結果としてのコミュニティの停滞とそれを拠点とする学校現場の崩壊。

過去を美化し、必要以上に懐旧する趣味はない。しかし、私が小学生や中学生だったころのことを思いだすと、教師たちは児童・生徒たちにとってもっと肉親に近い目線で語ってくれていたような気がしてならない。もちろん、いつの時代でも例外は存在するということも忘れてはならないが。

本文中でも引用した、日本経済新聞のコラム「春秋」（２００６年5月18日付）を読んだことが本書を執筆することの大きな動機となったことを否定しない。その一部をここでもあえて引用したい。

「血を分けた我が子でもない生徒たちを真摯に愛する教育者の姿そのものが、いずれ隣人愛や年長者への敬意を次代の心に育む。そんな物語は過ぎた時代のおとぎ話なのだろうか」

確かに私たちの国は戦前において、思想統制という不幸な負の文化政策が展開された。しかし、負の文化政策を駆逐するときに失ってしまったものもあるのではないだろうか。例えば、病気になったときに強い薬を服用したがゆえに、それは治癒されても、副作用としての新たな病が生じるように。

地域はその教育のみならず、すべての面において今、あえていうならば正の文化政策を必要としている。

私たち執筆者が言及できることは、まちづくりと観光の側面に限定されるかもしれない。しかし例えば、地域観光の振興に即した文脈で正の文化政策というときに、観光産業振興のみに偏しない観光政策、すなわち観光産業政策と観光文化政策との間で調和がとれた視点からの問題認識と、その解決のための制度設計をしなければならない。そしてさらにいうならば、地域教育を担う観光教育を推進するためには、観光文化政策の必要性が広く認知されるようにならなければならない。実利実益教育に偏しない観光教育が求められるのである。

そうすれば情操や思い遣り、他者への共感などを涵養することを、まちづくり教育や観光教育を通して推進・実現していくことも可能になるはずである。

修辞的にいえば、私たちの国のまちづくりと観光を学ぼうとするとき、柳田國男や宮本常一らの発想に一度戻ってみる必要があるのだ。そしてそのうえで、自分の言葉で地域を語ってみなければならないと思う。あるいは、子どもたちに語ることのできる能力を涵養しなければならないと思う。

水曜社の仙道弘生社長とは、２００４年の夏に、東京電力の広報誌『地域開発ニュース』で仕事をご一緒する機会を得た。出版業界においては、本離れが進む昨今の厳しい環境のなか、私たちのような者の著書の出版を快諾していただいた。一度ご一緒したにすぎないが、改めて仏陀のいう「縁起」というものに深謝したい気持ちでいっぱいである。

「縁起」で集ったともいえる共著者の多くが、知的好奇心旺盛にして美味求心を友とし、器用貧乏、遅筆堂主人。（しかし、皆すばらしき仲間たち哉！）

こんな悪条件が重なり、仙道社長にはご迷惑ばかりおかけしたが、最後まで激励とともに執筆者一同を温かく見守っていただいた。

ここに編著者として一同を代表して、心からのお詫びとともに、衷心より感謝の意を表したい。

井口　貢

２００７年弥生　雛の節句を前に淡海・湖北の寓居にて

第1章　地域への想いとまちづくりへの共感
～教育、共育、そして協育～

――井口　貢

ブームにしてはいけないまちづくり

今一度、まちづくりについて考えてみよう

まちづくり、地域づくりという言葉がブームとなって久しい。本来これらの言葉の意味するところは、ブームに流されてはならない人々の暮らしの中の営為であり、地域社会の生活の過程の中で生じてくる課題とその解決のための糸口や処方箋の発見から、その成果に至るまでの道程を学際的・業際的にして、かつ輻輳的に包含するものである。

したがって、地域に生きる人たちはみずからの地域を不易流行の視点で見つめながら、しかし一過性の流行に翻弄されない日々の営為を積み重ねていかなければならない。

さらにいうならば、「ハレ（晴）」を里程標としながらも、「ケ（褻）」の時空を冷静・冷徹なまでに見据えながら、地域を構成する組織や人々の境界を越えて展開される、地域による地域の幸福な暮らしのための努力こそがまちづくりであるといってもよいのではないだろうか（ハレとケのボーダレス化も指摘される昨今であるが、それゆえにまちづくりという営為の必要性も生じてくるのではないだろうか）。そして右記の言葉を再度使うが、地域においてまちづくりが学際的・業際的かつある意味で輻輳的であることが、地域力を強固なものとするのである。

「持続可能」とは、現代を語るキーワードとなった感があるが、正に持続可能な地域社会（サスティナブル・コミュニティ）の構築にとって、地域力の強さは一定の指標となり、また「まち

づくり」という概念が地域社会の中でどのように認識され使用されているかということは、私たちの想像以上に重要な意味を持ってくるのではないだろうか。

「まちづくり」が法律・行政・制度などの用語として定着したのは、決して古いことではない。そのきっかけをつくったのは、１９６０年代半ばの愛知県名古屋市の栄東地区の土地区画整理事業においてとされている。東京オリンピック開催前夜のことであり、スクラップ・アンド・ビルドの槌音が全国で響いていたころのことである。名古屋市のこの事業もそのひとつであったことはいうまでもないが、それに先立ってこの地区では住民がみんなでまちの将来を考えるために議論に参加したという。そのときにリーダーとしての役割を果たしたのが、栄東地区の車道商店街でふとん店を営んでいた三輪田春男であった。彼は「まちづくり」という言葉をしばしば使用し、住民みずからのまちづくりを主張した。それが行政用語として使われ始めたというのである（当時は「町づくり」と漢字で表記することが多かったようだが）。

正確に調べて議論をすれば、名古屋よりも早くに「まちづくり」という言葉が使われたまちがあるかもしれないが、私たちのようになんらかのかたちでまちづくりに関わる人間の間では、一般的に「名古屋発」と認識されることが多い。私はここに2つの大きな関心を抱かずにはいられない。イメージで語ってはいけないことだが、例えば京都や鎌倉、金沢、高山、あるいは東京ではなく、名古屋と比定されている事実がまずひとつ。そしてもうひとつは、市民のムーブメントの中で生まれ親しまれ定着した言葉であるということ。

この2つから、今一度まちづくりについて考える手がかりを見つけだすことができるのではないだろうか。

「町づくり、街づくり」よりも「まちづくり」

前で、当初は「町づくり」という表記が使われたと書いた。その後、「街づくり」という表現も使われるようになり、今ではほとんどの人がほとんどの場合で、「まちづくり」と平仮名で表現するようになった。

漢字を使用することで、どうしても限定的に意味やニュアンスの伝わることが日本語において少なくない。漢字で書くことで、行政による区画整理やハード整備というニュアンスが強調されてしまうという恨みもないとはいえない。

まちづくりとは、学際的・業際的でかつ、ハード・ソフト、そしてヒューマンという3つのウエアの整備・充実・育成を視野に入れなければならない総合的な地域（社会・経済・文化）政策なので、平仮名表記が最も似合うのである。

普通のまちで、普通の人が、普通のときに

観光に関わる問題も、本書においては重要なテーマなので後に述べることも多くなると思うが、まちづくりというと、良きにつけ悪しきにつけどうしても観光振興と結びつけてとらえられるこ

とが多いのではないだろうか。

したがって観光客や来訪者で賑わっていないまちは、まちづくりも不活発なのではないかという誤解や偏見はないだろうか。しかしそれは、決して事実ではないだろう。そうした意味で考えたときに、右記した手がかり、すなわち「まちづくり」という言葉の「名古屋発祥説」は看過できない。京都や鎌倉、金沢、高山といったまちはわが国を代表する観光都市、あるいは国際観光文化都市と呼んでも異論を挟まれることはまずないだろう。換言すれば、望むと望まないと関わらず「ハレ」のイメージを伴い、それとともに語られることが多かったまちともいえる。

それに対して、名古屋（圏域）は観光というイメージが希薄で、「だれも名古屋で観光しようとは思わない」とか「名古屋は文化不毛の地」といってはばからない言説にかつて出会ったことのある人も少なくないのではないだろうか。確かにこの都市圏は、モノづくりの面でわが国の屋台骨を背負い、戦後の未曾有ともいうべき高度経済成長を牽引してきたという自負を持ったエリアではある。しかしそれは正に、「ケ」のイメージで語られてきた産業都市・工業都市だったのである（どのまちにも、例えば観光産業は存在するとしても、「産業・工業」、さらに「商業」も含めて、「観光」などの「定冠詞」は、都市の特色を分別する指標だった時代が長く続いてきたのである。「あのまちは工業都市だから……」といった具合に）。

そしてさらには、もうひとつの手がかりとしての「市民から発せられたこと」が端緒となっているという事実である。しかも時代はおよそ50年近くも前の高度経済成長真っ只中のことだ。都市のハードウェア創出の中で生まれてきたものであり、それゆえの時代の制約もあったであろうことは否定できない。しかし1962（昭和37）年10月の「全国総合開発計画」（いわゆる「全総」）策定前夜に、名古屋の住民の活動の中から「まちづくり」という言葉も、そこにおける「市民（住民）参加」という行動のあり方も、生まれてきたということに意味を見いだし、こだわりたいと思うのである。さらにいうならば、名古屋というある意味でわが国のプロトタイプともいえる都市、すなわち普通のまちで、商店主という普通の人たちが、普通の穏やかな日常をより快適なものとするために、必ずしも行政に反発するのではなく、しかし「我々にも発言の場を」と求めて、普通のときに普通に起こした動きが彼ら自身によって「まちづくり」と認識されていたということに意義を見いださなければならないと思うのだ（しかも、住民参加型のまちづくりということで、わが国のまちづくりの歴史に残る「八幡堀保存修景運動」〈滋賀県近江八幡市〉より8年近くも先立っているということにも興味を覚える）。

一　必要な「常民」の知恵

まちづくりと住民運動・市民運動、という文脈の中で忘れてはならないのは、常民の知恵ということだ。「知識」ではなく「知恵」である。必ずしも正規の学校教育ではなく、地域社会の中で育まれなければならない知恵である。

「全総」は誤解を恐れずにいえば、国家・行政主導による、地域的には「太平洋ベルト地帯」と「表日本」（この2つの言葉は、多くの非難の中で死語となり、あるいは使用できなくなった）

に偏した、経済効率至上主義的かつ画一的な開発計画であり、結果として多くのものが切り捨てられていった。常民の知恵ももちろんそのひとつだったのかもしれない。

民衆や大衆という言葉に違和感を覚えて、「常民」（以下、あえてこの語を文脈の中で使用することがある）という概念を構想した日本民俗学の泰斗・柳田國男が逝去したのは、「全総」が閣議決定される直前のことである。生前に歴史学者・家永三郎との対談の中で話題が「民間人の思想」に及んだときに、家永の「民衆観」に潜む欺瞞性を喝破した柳田は、何よりも普通の人々による普通の暮らしのための努力や営為を社会変革の原動力と考えていた(1)。

その柳田がこの年の夏に、もちろん高度経済成長の全貌をみることなく亡くなっていることは象徴的である。柳田学の視角をみずからの学究生活の基本に置き、みずからも信州飯田などで「常民大学」を主催し、市民の知恵を喚起することで展開される地域振興に心血を注いだ人、後藤総一郎が残した言葉もまた重い。

「柳田没後の30年の歴史は、そのまま高度成長30年の歩みでもあった。言葉を換えれば、『ムラ』解体を通しての近代化の達成であったともいいうる」(2)

ノスタルジックに回顧するのでは決してないが、「ムラ」、すなわち地域コミュニティが機能しているところには必ず常民の知恵は存在し、その継承の努力がなされているはずである。そしてこの常民の知恵こそが、内発的なまちづくりにとって大きな力となり、それを支える地域のエートス（地域を正の方向へ導く心性や気質）を形成していく。

先に、名古屋を「わが国の都市のプロトタイプ」と呼んだ。なぜか。その理由といえるかどうかは心許ないが、少し言及しておきたい。

「まちづくり」という言葉を生んだ栄東地区は名古屋を代表する繁華街の片隅にある。そしてここ数年来、愛知万博の成功も含めて（あまり良い表現とは思えないが）「名古屋ブーム」といわれている。この言葉を生んだ理由も、ブームの理由も一朝一夕によるものではない。良い意味での「ムラ」がこのまちの文化の中で生き続けているからである。「まちづくり」という言葉を生んだのは、正に常民の知恵によるものである。名古屋ブームも愛知万博とダイレクトに結びつけると官と（トヨタなどの）大企業との一大連携イベントという色彩が濃くなってみえるが、極端ないい方をすれば、尾張徳川藩以来の勤勉なモノづくりと、それが生みだす文化的伝統、そして内で愉しみをつくってみんなで享受しようとする堅実な生き方の流儀ともいえる文化的価値観の成果がようやく外からも注視されたものといっていいのではないだろうか。

いくつかの興味深い例を示そう。パチンコやスーパー銭湯などあまりにも一般化した庶民の日常的レジャーの発祥の地は名古屋である。また内閣府の「自由時間と観光に関する世論調査」（2003年8月）によれば、「週末などの余暇には2泊3日以上の旅行をする」という問いの回答を集計すると、名古屋を含む東海地方は全国で最も低い0・5％である（1位は南九州地方の人たちで、4・8％）。

また名古屋大学は、全国の旧帝大の中で最も地元占有率が高い大学であることは周知の事実となっており、名古屋市内および近郊の大手私立大学の学生も圧倒的に愛三岐（愛知・三重・岐阜の3県を地元ではこう呼ぶ）の出身者によって占められている。

大手私立大学の学生の地元占有率が高いことが必ずしも良いことかどうかは、軽率には判断できない。ただ自前の「常民の知恵と思想」の必要性がまちづくりには求められていることは確かであり、地元の大学がそれに積極的に取り組むことで地域貢献しなければならない時代が来ていることは、紛れもない事実であろう。

一 内発的な地域への想い

石川県七尾市に、「御祓川《みそぎがわ》」という株式会社がある。中心市街地を流れ七尾湾に注ぐ御祓川からその名をとった民間のまちづくり会社である。川と周辺の景観の再生や賑わいの空間を創出することを大きな目的とするコミュニティ・ビジネスのひとつの事例でもある。ここでチーフマネージャーを務める森山奈美は幼いころ、団塊の世代の父親が友人たちとまちづくりの活動を楽しそうに行っている姿を見ながら育ち、自分も大きくなったらそんな風になりたいと思ったという。そして一方で、「私のまちのプランをなぜ都会の人がやってきてつくるのか」という疑問を抱くとともに、「わがまちの計画はわが手で」と思い、それが動機となって都市計画を学ぶことを志したという。横浜の大学でこれを学び、彼女は初志を貫徹した。生まれたまちのまちづくりのキーパーソンとなったのだ。団塊の世代の父親は、若いころからわがまちのために心血を注いできた。まちづくりの文脈でいうところの、必要な「4モノ」のひとつ「バカモノ」だったのかもしれない。もちろんこのときの父は「ワカモノ」でもあったはずだが(団塊世代の指針ともなる「プレ団塊世代」と地域の関わりやそれに対する期待については、次章でまた違った視点も交えつつ記したいと思う）。

父が背中で教えた想いを、娘が受け止めて夢として温め、実現したのである。さらに彼女は、当時高校生ながら外部コンサルタント委託型の地域づくりに疑問を抱いていたというから、言葉は仮に知らなかったとしても「内発的なまちづくり」の必要性を感じ取っていたのであろう。

社会経済学的に正確を期していうならば、先に取り上げた名古屋は必ずしも内発的な発展を遂げてきたとはいいがたいかもしれないが、市民・住民の「内」なるものへの想いや自助努力の精神に裏打ちされた地域のエートスがこの七尾のように存在しているに違いない。その情熱や想い（パッション）こそが、わがまちはわが手でという使命感（ミッション）を醸成し、内発的なまちづくりを行う原動力となっていく。己がまちのために、私利私欲を捨てて奮闘することができる「バカモノ」が活躍するゆえんである。その下には必ずといってよいほど「スグレモノ」や「ヨソモノ」、そして「ワカモノ」が集い、彼らが知恵を寄せ合うことでまちをより良いステージにしているのである。決して排他的ではなく、しかし持続する内発的な意思やわがまちに対してのミッションが地域のエートスの根底にあれば、まちは必ず元気になるに違いない。

一　偽りのヨソモノなら要らない

こんな例もある。大分県豊後高田市。このまちは今でこそ人口約2万6000人の小さな地方

株式会社「御祓川」と森山奈美（撮影・谷内玲香）

都市のひとつにしかすぎないが、宇佐八幡宮に近く、また安土・桃山時代に竹中重利（豊臣秀吉の軍師、竹中半兵衛のいとこにあたる）が開町した城下町であり、幕藩体制期に移行すると徳川家康の曾孫である松平重直がこの城下町をさらに発展させた。併せて、周防灘を臨む港町として海上交通の発展にも寄与し、明治以降も門司や下関への内海航路の拠点として繁栄した。その後、高度経済成長期を経てまちが賑わいを喪失していったことは、他の多くの地方小都市の例に漏れない。

しかしここ数年来は、急速にまちづくりの世界でもその名を馳せている感があり、そして昨今の「昭和30年代ブーム」の一翼を担っているまちといってもいいのかもしれない。

そこに至るまでには、商店主をはじめとする市民や行政、商工会議所などによるまちの固有価値とは何かということを希求する、内発的なまちづくりへの模索や、「バカモノ」「スグレモノ」たちの努力と真の「ヨソモノ」の参画があったことを忘れてはならない。

ときをさかのぼること10数年、中心市街地・既存商店街の壊滅的ともいえる衰退を目の当たりにした豊後高田商工会議所は、１９９２（平成４）年４月に豊後高田地域商業活性化委員会を設置した。プロジェクトのプロデュースは東京の大手広告代理店に依頼した。

委員会は、62人もの構成員によって１年間の議論と調査・分析を積み上げて「豊後高田商業活性化構想」を完成させた。先日、豊後高田の商店街を歩いていたときに拾った言葉をここに再録しておきたい。

「東京の人たちがつくったプランというのはすごいものだったわ。商店街がすべてなくなり、

昭和のまち、豊後高田の駅通り商店街

大きなのっぽのビルが建って、残るのはお寺ぐらいという構図で、これではいけないと思いましたよ」

これは極端ないいまわしかもしれないが、ある商店主のこの感想は、多くの市民にとって共通のものだったようだ。崩壊期に向かいつつあったとはいえ、ときはあたかもバブル経済の影響下、大規模なスクラップ・アンド・ビルド型の都市開発だったのである。実現には膨大な資金を要するものであり、この構想は当然のように頓挫した。というより、むしろまちの人たちがお蔵入りさせたといっても過言ではなかったのではないだろうか。女子高校生のころに森山奈美が七尾で抱いた感慨と同じものを豊後高田の人たちも感じたのである。

換言すれば、地域の商店主たちの喜びや悲しみ、そして怒りや哀歓に対して本物の共感の念を持ってくれない「ヨソモノ」、あるいは最終的な責任を負わない傍観者のようなプランナーなど要らないと、彼らは無言で宣言したのではないだろうか。

一 「昭和30年代」に至る道——文化資源と商業振興の狭間で揺れて

ここからが豊後高田の人たちのみずからによる内発的な、わがまちの誇りと宝物探しの真の第一歩となった。その模索の経緯は、豊後高田商工会議所が２００２（平成14）年３月に公刊した２００１年度の「中心市街地空き店舗対策事業報告書」（以下、「報告書」）に興味深い記載をみることができる。

この「報告書」は、どこにでもあるようなおざなりの報告書ではなく、正に「読ませる」ものであり、記述も平易にして躍動感に富み、まちづくり入門のためのひとつのテキストとしても評価できるものである。そのことがひいては、このまちでまちづくりに関わる人たちの熱意や想い、そしてまちの元気な度合いを巧まずして表現しているともいえそうだ。

「報告書」によると、まちづくり再構築のための基調は「豊後高田市街地ストリート・ストーリー」（以下、「ストリート・ストーリー」）と設定され、城下町の時代からの膨大なまちの歴史を、時間軸と空間軸の狭間でとらえながら調査活動を展開し、どの時代を切り口にしてまちの誇りを喚起し、賑わいを取り戻すかのような議論が展開されたという。ただ歴史や伝統、文化を固有価値としてとらえ発信しようとしても、「報告書」がいうところの「商業振興のまちづくりの場合、文化財行政とは違って、具体的にプロジェクト化し、それによって商業としての経済効果をあげていかねばならないという使命」を忘れてはならないということが、彼らにとって重要な命題であった（文化政策が求められるゆえんはここにもあるのだ）。

「城下町」を拠りどころにすることがまず考えられたが、大分県は「臼木・竹田・日田・杵築と、立派な城下町のオン・パレードであって、もしこのテーマに豊後高田が加われば、50番煎じか100番煎じになるのは必定」と、却下。

「近世がダメなら、近代はどうだろうか」と近代化遺産をテーマにしたまちづくりが次の候補となった。大正から昭和初期にかけての銀行や農業倉庫の建物が市内に多く残っているためである。しかしこれも結局は却下された。なぜならば、全国的に知名度の高い横浜・神戸・小樽・長崎、そして近くの門司港などの「20番煎じか30番煎じになる」のが関の山だから。しばらくの間テーマを見失い、そうこうするうちに、「ストリート・ストーリー」の調査作業も完成した1997（平成9）年3月にメンバーは「天啓のように『昭和』という身近な過去に気づく」ことになる。そして年度が改まった同年に、「豊後高田市商店街・商業集積等活性化基本構想策定調査」が実施され、「昭和のまち」によるまちづくりの具体的な取り組みの第一歩が刻まれる。しかしこのまちは、ハコモノを新たにつくることで昭和の再現を図る道を安易に選択したわけではない。「昭和のまちの商店街」として再生の幕をあげたのが2001（平成13）年9月。第一歩から数えて5年以上が経過しているが、この間に歴史調査・現状調査、そして修景のための研究といった多大な努力が積み重ねられた。市商工観光課、商工会議所、商業者ら住民が連携しながら商店街まちなみ実態調査委員会を結成して、1年間かけて実態調査を行い、また既存商店街再生研究会議を設置することで、毎週1回の会議を定例として開催した。その会議には必ず行政や会議所からも委員が出席し、深更にまで及ぶ議論もまれではなかったという。文字どおり、市民と行政が一体となって知恵と汗を寄せ合ったのである。

調査の経緯は、「報告書」に詳述されているが、右記したようにハコモノの新設ではなく、「看板建築を取り外せば昭和30年代の姿がよみがえる、つまり修景が可能で、かつ効果も大きい建物75軒が選び出され」て、これを保存修景するかたちでまちづくり型商店街再生事業が推進されたのである。すなわち既にあった昭和の建物やファサードから、その後施された「お化粧」を取り払い、素顔を再生したのだ。所与の、あるいは常在としての、古い商店街という文化資源の価値を再認識し、再生することで浮き彫りにして、その姿を伝えていこうと試み、その成果が集客（商業振興）をも可能にしたといえるであろう。

一　真のヨソモノとは、バカモノ・スグレモノの「スグレ」たサポーター

豊後高田のこうしたまちづくりのキーワードは、「4つの再生」だという。これに着目した分析は、日本政策投資銀行九州支店の企画調査課が詳しく行っており、以下のように紹介されている(3)。

①昭和の建築再生……各店舗を修景することにより、街を当時の面影に近づける
②昭和の歴史再生……各店舗に残っている歴史物を「一店一宝」として店頭に展示
③昭和の商品再生……店自慢の昭和を偲ばせる商品を「一店一品」として販売
④昭和の商人再生……各店舗の商店主が本物の昭和の商人を目指す

再生された昭和のこのまちを歩くと、4つのテーマの実現に向かって日々努力していると思われる個店の取り組みを実感させられるし、そのコンセンサスの下でのまち再生に向けた協働の成果も感じ取ることができる。あたかも商店街全体が博物館のようであるし、個店はミュージアムショップを兼ねたそれぞれの展示室のようでもある。随所では、「昭和のまち・案内人」というボランティアガイドの人たちが学芸員よろしく団体客などの案内に努める元気な声が聞こえてくる。商店主たちも穏やかで元気だ。私も何軒もの店に入ったが、複数の飲食店で聞いた声が印象

に残る。それは、こんな声だった。

「この『昭和のまち』は、金谷さんと市長の二人三脚がなければ、実現しなかったと思います」

市長とは永松博文、かつて大分県庁に在職した経験を持つ人だ。大分県は平松守彦が知事在任時に推進した「一村一品運動」などでまちの魅力を発掘する県として知られ、地域おこし事業の先達であったといってもよい。また永松が県職在任時に創始された事業である「地域商業魅力アップ総合支援事業」は、昭和のまちとしての再生（商店街の保存修景）に、結果として大きく寄与することになる。残念ながら、私は市長とは面識がないが、もうひとりの人物、豊後高田商工会議所の金谷俊樹とはこのまちを訪れたときに出会うことができた。

市長もそうであるにちがいないが、金谷が示してくれたみずからのまちを心底愛する様子や、熱っぽく、それでいて軽快な語り口調の中に「バカモノ」をみる気がした（おそらく、市長は「スグレモノ」を兼ねているのであろう。ちなみに、まちづくりにおける「スグレモノ」とはまちが目指す方向に対して、的確な知見や指針を専門的な視点から示し行動することができる人だ）。

さてその「バカモノ」金谷が三顧の礼を尽くして福岡から呼び寄せた「ヨソモノ」がいる。小宮裕宣という。今ではこのまちの中核施設として、年間20万人以上の来訪者を誇る「豊後高田昭和ロマン蔵」は、市が所有していた農業倉庫を保存修景したものであり、「駄菓子屋の夢博物館」と黒崎義介の「昭和の絵本美術館」によって構成されている。後者は、このまちのシンボルマークとなった童画家である黒崎義介の作品を収集している。これについては、市長の尽力が大きかったという。

小宮裕宣は、「夢博物館」の館長を務めている人物であるが、右に記したようにもともとは福岡県北九州市の出身の「ヨソモノ」で、1948（昭和23）年に生を受けている（奇しくも団塊の世代ということで、七尾の森山奈美の父親と同世代である）。

少年のころから、今でいう「食玩」（おまけ付きのお菓子。ただし今のそれは、申し訳程度にお菓子が付いた「お菓子付きのおもちゃ」となっているが）に夢中で、駄菓子屋の常連客であったという。長じて後もその趣味は高じるばかりで、雑貨販売業の傍らで出張の度に全国各地で駄菓子屋の玩具を収集するコレクターとなっていた。収集品は駄菓子関連にとどまらず、昭和の民具や石原裕次郎、美空ひばり、GS、そしてナベプロの新3人娘（小柳ルミ子、南沙織、天地真理）などに至る懐かしいアイドルたちのレコード、漫画本、鉄腕アトムや鉄人28号、オバケのQ太郎等々、ブリキや塩化ビニルの玩具など20万点を超える。

1988（昭和63）年に福岡市で「懐かし屋」を開店した小宮は、1995（平成7）年には大宰府天満宮の参道で「駄菓子屋のおもちゃ資料館」を開館した。

金谷はポスト団塊の世代で私と同年であるが、昭和30年代初頭に生まれたものにとっても小宮の収集品には実体験・リアルタイムの懐かしさを共有し共感できるものばかりである。昭和のまちづくりを目指す金谷たちの琴線に触れたことはいうまでもない。

最初は躊躇する小宮を熱心に説得し、この「スグレ」た「ヨソモノ」を見事に仲間に引き込んでしまったのである。そして小宮は豊後高田に「移住」し、みずからも「バカモノ」となり、かつ「スグレ」たサポーターとして、他の「バカモノ」や「スグレモノ」たちを支えながら、このまちのまちづくりに尽力している。

ホンモノのまちづくりこそが感動を生む

朴訥として誠実な話しぶりの小宮とは、私も一度面識を得た。駄菓子や玩具が本当に好きでたまらず、何の打算もなくただひたすらホンモノのみを収集してきたことの誇りのようなものを、短時間の取材の中でも感じ取ることができた。そして彼が当初豊後高田への「移住」を躊躇し断った理由を聞いたときに、この人の中にさらなるホンモノを垣間みるような気がした。すなわち、豊後高田からの依頼に似たようなものは、それまでも他のまちなどから何件もあったというのだ。しかしそれらのほとんどが、昨今の「昭和30年代ブーム」への便乗商法のような印象が拭えずに、すべて断ってきたという。

豊後高田も同様のものと思っていたようだが、口説かれるうちにその熱意の質の違いを小宮は感じ取った。行政・商工会議所・商店主（市民）という三者間の協働のバランスと関係の良さに、共感したという。そのうちにみずからも参加したいという気持ちに転じていったというのである。

フェイクなテーマパーク型の「昭和のまち」ではなく、常在としての昭和の文化資源を再発見して、修景のうえで伝えていこう。そんなホンモノへの熱意が人々の共感や感動を生んだまちづくりの例である。まちを構成する人たちの協働への意思と親和力が来訪者の感動を生み、再訪者（リピーター）を創出しているのはこのまちづくりの成果であるといえるであろう。

「昭和のまち・案内人」の人たちの元気な声については既に触れたが、金谷は「あのときの案内人の人にまた会いたいから、と再訪してくれる人がいる」と誇らしげに語ってくれた。「ホンモノのまち」で暮らしたい（浅薄ないいかたをすれば、「ふるさと志向」ということになるかもしれないが）。あの人にまた会いたいから、あのまちに行こう。そんなささやかな動機がリピーターを創出するとすれば、ホンモノのまちづくりをしないかぎり、ホンモノの来訪者にも恵まれることはないのではないだろうか。

余談であるが、豊後高田ではまちなかドライブ用のレンタカーとして、昭和の時代に生産されたカローラなどを貸しだしている（さすがにミゼットは「昭和ロマン蔵」の公開収蔵庫の中にしかなかったが）。また、通称「駅通り商店街」の入り口にある大寅屋食堂では、１９８０（昭和55）年より据え置きの価格でカレーライス（３５０円）やハヤシライス（４００円）、チャンポン麺（３５０円）などを提供（価格についてはさすがに、昭和30年代より据え置きとはいかないだろうが……）。また何軒か隣のカフェ＆バー「ブルヴァール」の看板料理は、A～Eの５つのバリエーションからなる「昭和の学校給食」であり、観光客の目と舌を懐かしい気分とともに楽しませている。

なおこのまちの商店街は、経済産業省が２００６（平成18）年5月に選定した「がんばる商店街77選」の中の「まちづくりと一体となった商業活動」の事例として名を連ねている。

「昭和ロマン蔵」のミゼット

昭和の風情が残る「大寅屋食堂」

まちづくりとフィロソフィ

共感から教育、共育、そして協育としてのまちづくりへ

まちづくりについて考えるとき、それに対する動機や意思、意識や感情の原点は共感ではないだろうか。地域とそこに住まう人たちへの共感の念、それが不在であるかぎり、「学」としてのまちづくりも、「実践」としてのそれも空虚である。

そして共感から発するという点では、教育とも通じ、またまちづくりとは優れた、そして広義の教育的営為（広義の地域教育）ともいえるだろう。さらには両者が、「学」か「実践」なのかとしばしば問われることがあるという意味からしても、この両者は何かを共有しているに違いない。例えば「教育学などあり得ない」「教育とは実践以外の何者でもない」「まちづくりとは学問や理論・理屈ではなく実践だ」「まちづくりという学問など成り立たない」などといった言辞に出会ったことのある人は、少なくないだろう。しかし「学なのか実践なのか、さあ、どちらだ」といった具合の二者択一的でどちらか一方のみを正しいとする考え方は、まちづくりにも教育にも適した考え方とはいえない（文化政策を実践していくうえで不可避のオールタナティヴな視座がここでも求められているのである）。

学としての唯一絶対のパラダイムが、まちづくりに存在するはずはないであろうが、思想や信念（フィロソフィ）のないまちづくりは、アトランダムでハード偏重の乱開発になりかねない。一方でどれだけ立派な理想や構想があっても、実践する人や手段や方途のないまちづくりは、絵に描いた餅に過ぎない。教育においてもそれは同様であろう。

まちづくりも教育も、共感の念を持って人や地域に臨むことのできる人たちがその能力を十二分に発揮し、それがさらなる共感の念を持って生きることのできる次の世代の人たち（ヒューマンウェア）を育てていけるかどうかということが大きな生命線となるのだ。

一　まちづくりとヒューマンウェアの育成

日本がまだ貧しかったころ、社会資本としてのハードウェアの整備に重点を置く営為こそが重要な課題であり、それがかつては「町づくり」「街づくり」として認識されていた。

その後、高度経済成長期を経てモノの豊かさを満喫できるようになってしばらくすると、人々はココロの豊かさをより希求するようになる。内閣府広報室によると、「国民生活に関する世論調査」においてココロの豊かさを求めるという回答が、モノの豊かさを求めるそれを初めて上回ったのは、１９７７（昭和52）年のことであった。その後数年は拮抗していたが、１９８０（昭和55）年以降、年を追うごとにその差は拡大し、平成バブルが崩壊したころ、例えば１９９２（平成４）年にはおよそ30％の差をつけて、ココロの豊かさがモノの豊かさを求める声を押しやっている（前者57・2％、後者27・3％）。

「まちづくり」と平仮名表記すべきことは既に記したが、これが一般的になるのもこのころのことではないだろうか。やはり既に指摘したが、住民参加型のまちづくりとしてわが国の「まちづくり史」に残る「八幡堀保存修景運動」のリーダーを演じた川端五兵衛は、その記録を記した著書を1991（平成3）年に上梓し、『まちづくりはノーサイド』と平仮名表記している。「ノーサイド」とは正に、まちづくりにおける垣根がないこと（学際性、業際性、産・官・民・市民の協働など）の必要性を主張したメッセージでもあった。かつては近江八幡市長を務めていた川端とは何度もまちづくりをめぐる話をしたことがあるが、早くから平仮名表記を主張してきた人物のひとりである（金沢大学工学部教授の川上光彦もそうした「論客」のひとりだ。『まちづくりの戦略――21世紀へのプロローグ』[4]など参照）。

さて、川端はそのまちづくり運動の途上で、「生き甲斐」ではなく「死に甲斐のあるまち」という言葉を幾度となく発している。川端らは住民参加型のまちづくりを展開するうえで、学際的な理論武装と、まちの将来像に対して、郷土への矜持を基本に据えた明快なビジョンを示した。近江商人発祥の核となったこのまちの文化を、商業文化と規定し、そのメルクマールとしての「商業博物館」の創設と「大学院大学」の開設をその彼岸に据えたのである。彼らの悲願はいまだ実現をみてはいないが、「教育と知的生産のまち」を理想に掲げたまちづくりが、「死に甲斐のあるまち」を具現するという確信が彼らにはあったのである。

「私たちも、この近江八幡に縁あって住む以上、ここで命を終えることに対して、心の底から

『ああよかった』と言えるような町にしたい。死に甲斐のある町をつくるということは、自分の住んでいる場、〈いま・ここ〉をより良いものにしていくということだ。「死に甲斐」という言葉は、生き甲斐や働き甲斐を超え、またこれまでの狭いふるさと意識をも超える、大きな意味での郷土愛を象徴する言葉なのではないだろうか」(5)

また川端は、まちづくりについて端的にこういう。

「子孫にどのような環境を残せば良いかについて、考え行動することの一言に尽きる」(6)

ここで大切なことは、その思考や行動の足跡を通して次世代に何を伝え教えることができるかということである。より良い環境を残すことは掲げる理想としてまず存在し、結果としてその理想が具現化することは、最も望ましいことである。しかし、仮に半分しか実現をしなかったとしても、あるいは全く挫折をして、かたちを残せなかったとしても、子どもたちの心に何を残せるかということが重要なのだ。まちづくりにまず必要なヒューマンウェアとは、それができる人たちなのだ。金にまかせた外発的なまちづくりには、それができない。確かに、立派なかたちは残せても子どもたちの心に、地域をつくってきた人たちに対する矜持や敬意や共感を育むことはあり得ないだろう。

八幡堀保存修景運動は、川端らの理想と目標を完遂したとは決していえない。しかし彼らの運動が活動へと転化していく様を、感受性豊かな中学生・高校生のころ（１９７０年代前半）に目の当たりにして、ときとして彼らから直接の薫陶を受けた人たちが今の近江八幡というまちを確実に支えている。行政マンとして市の文化政策部などでまちづくりに勤しむ吉田正樹（現在は、市長公室室長)。ＮＰＯ法人「秀次倶楽部」やコミュニティ・ビジネスの立ち上げを通して実践的な活動を展開する高木茂子。近江八幡市名誉市民の第1号でもあるW・M・ヴォーリズと、その業績を顕彰するＮＰＯ法人「一粒の会」の元理事長である石井和浩。そして商工会議所の若き会頭・尾賀康裕など、枚挙に暇がない。

ヒューマンウェアが、地域への共感と矜持という想いを共有しながら、ヒューマンウェアを育成するということ、これもまたまちづくりに課せられた大きな使命・課題なのであり、その成果はまちづくりを通して遂行された地域教育の大きな成果といえるのである。

一 「まち育て」と「まち育」

ＮＰＯ法人「まちの縁側育くみ隊」の代表理事を務める延藤安弘は、まちづくりに関する理論家であり、かつ実践家として、類まれともいえる活動を展開しており、その著書も刺激的でおもしろい。延藤が提案するまちづくりの要諦のひとつは、「まち育て」である。

大阪生まれの彼が、関西弁を駆使した軽快な語り口調でまちづくりを語る様を、東京工業大学大学院社会理工学研究科の桑子敏雄教授は「感性・関西・天才」と称している。ただ、感性も決して豊かとはいえない私たち凡人は(私の場合、関西人という点では唯一延藤と重なるが)、往々にして天才の表層のみに目を奪われ、深層における真理や努力といったものを見逃しがちとなる。

「これからは、まちづくりではいけない。まち育てなんだ。あの延藤先生もそうおっしゃっている」

そんな言葉に何度か遭遇したことがある。東京経済大学教授の森反章夫は敬意を込めて延藤を「稀代の詐欺師」と呼ぶが、これもやはり軽快な口調や独特の風貌を持つ延藤の思想の深みを見落としてはならないという一種の警告でもある（桑子と森反のコメントは、ともに延藤の著作の中に登場している）(7)。

延藤は、まちづくりとまち育てを背反するものであるとは決していっていない。むしろ、「まちを育てているのは、人間だ」という尊大な態度で解釈されているとしたら、全く彼の本意に反することであろう。

延藤が的確に自己のまちづくりの思想を述べている文章がある。

「創造的『まち育て』では（中略）現実のまちという世界を成り立たせている大きな『構造』を直接に問題にするよりも、具体的『出来事』のほうを重視する。意味ある小さな出来事の連続と人々の意識のゆるやかな変容により、やがて『構造』を再編成していく」(8)

まちを育てることができるのは、まちによって育てられた経験を持つ人なのだ。まちによって育てられた人たちが、その経験や記憶を共有することによって協働を生み、まちを新たな段階へと創造していく。延藤のいう「意味ある小さな出来事」とは正にその多くが、地域社会の「ケ」の空間、つまりは「日常の空間」の中で生起する事柄であり、それが人々の意識の変容を促し、人々を育てていく。地域社会の課題や問題を解決する能力は、地域社会における何気ない日常の中で涵養されるのである。正に、まちづくりとは常民思想に基づいて展開される、常民教育としての要素を多分に内包しているともいえるのではないだろうか。

昨今よく使われる言葉である「食育」になぞらえて、「まち育」という言葉もあってよいだろう。安直ではなく、地産地消型で地に足の着いた食生活の実践を通して子どもたちの「豊かな人間性をはぐくみ、生きる力を身に付けて」(「食育基本法」より抜粋、2005年制定)育てていこうとするのが「食育」ならば、人が元気で優しく疎外されていないコミュニティの良さを保ったまちを通して、子どもたちの人間性を育み、生きる力を身につけさせることが「まち育」だ。

「食育」から連想させられる言葉であるが、スロウ・フードを復権しなければならないとしたら、「まち育」においてはスロウ・コミュニティもやはり同様に蘇生させなければならない。まちによって育てられた人々が、ゆっくりと時間をかけて次の世代のために次の時代のまちを育てていく。そんな繰り返しで、コミュニティが維持されてきたはずだ。

「まち育」と「まち育て」のキャッチボールが、まちづくりを豊かなものにしていくのである。

一　共育、協育、まち育

まち育の必要性は、「下流社会」という言葉を産みだしたことで知られる三浦展も主張している。三浦は「街育」という表記を採りながら、彼が問題視する「ファスト風土」の対極ともいうべき「本当の街での生活」を通して子どもたちを育てるべきだという(9)。三浦のいうことは、決して間違ってはいないし、理想からいえば全くそのとおりだと痛感する。

しかし一方で、だれもが皆「本当の街」に暮らせるわけではないという現実がある。それでは、ファスト風土を連想させる新興住宅地やいわゆるニュータウンなどにおいては、「まち育」が全く成り立たないのだろうか。まちづくりというフレームの中で、「まち育」と「まち育て」を考えようとするときに、ニュータウンにおいても「まち育」が成立する工夫や知恵を考えなければならない。それは、まちづくりに関わり携わり、実践するものの責務である。それと同時に、いかなるまちにおいても次世代を育成しないかぎり、まちは持続するかたちで成り立ち得ないのだから、これは等しくすべての大人たちに課せられた大きな課題といってもよい。

先に記した延藤安弘は、ニュータウンにおけるまちづくりの事例を紹介しながら、「まち育て」と「まち育」が可能であることを示している。例えば近著『おもろい町人――住まう、遊ぶ、つながる、変わる、まち育て』（太郎次郎社エディタス、2006年）の中では、武蔵野緑町タウンと京都の洛西ニュータウンのケースが取り上げられている。ここにおいては、「まち育て」と「まち育」の見事なまでのコラボレーションが描かれており、気づかされること、学ぶべきことは多い。

ここで報告されている洛西ニュータウンの、ユーコートと呼ばれる中層集合住宅を中心としたまちづくりの事例は特に興味深いものがある。築20年の団地が20年かけてじっくりと育てた新しいまち。そこで成長した子どもたちが、今では多士済々な大人となってこのまちを支えている。確かに当初は、器としてはファストなその中に、不特定の48世帯が機械的に配置されスタートしたコミュニティであったことは間違いない。しかし大切なことは、このコミュニティの人々の中には、ともにまちづくり（まち育て）をし、子どもたちを家庭内でともに育てるとともに（共育。教育の原点であるこのこと自体が今や瀕死の状態に近いとはいえないだろうか。ちなみに食育の基本は、家庭内における共食だろう）、コミュニティ内で協力して育てていこう（協育）とする意思が強くあったということだ。この意思が「まち育」にまで昇華したのであろう。

また同じくニュータウンの例でいえば、１９６０年代に開発が始まり、わが国で最初の大規模なものとされる千里ニュータウン（大阪府豊中市から吹田市にまたがる）は、総人口が９万３千数百人、世帯数は３万１０００を超え、上記の例とは比較にならないかもしれない。

人口の約３分の１が60歳以上と、ここにおいても「高齢化」が進んでおり、団塊の世代も多く控えている。しかし彼ら高齢者が、まちづくりに積極的で地域ボランティア活動も積極的に展開されており、60代の人たちが中心となって地元小学校で推進する「子ども教室」は、高く評価されてよいのではないだろうか。コミュニティ内の高齢者ボランティア団体が、野菜づくりやおもちゃづくりを、地元小学校で子どもたちに教える様子は、正に「協育」の一例をみるようである。

これらとは逆で、ファストではないスロウな風土という恵まれた環境に仮にあったとしても、コミュニティの中にこうした自発・自律の意思がなかったとしたら、まちも育たないであろうし、子どもたちも次の世代を担っていくことはできないであろう。

一　まちづくりを育む文化、まちづくりが育む文化

コミュニティの中の自発・自立の意思は、正に「まちづくりを育む文化」にとっての重要な土壌となる。まちづくりについて考えるうえで、「まちづくりを育む文化」と「まちづくりが育む文化」という2つの視点から地域を考えることも大切な作業であると私は思っている。

通俗的ではあるが、「行政笛吹けど、住民踊らず」という言葉がある。これは、「まちづくりを育む文化」が地域の中で成熟していないことに起因するのではないだろうか。先に記した「まち育て」が役割を果たさなければならない、ひとつの局面でもある。

既に記したが、人々の意識の変容が地域の構造を良い方向に再編成していくことが、「まち育て」の大きな役割のひとつであり、意識が良い方向に変容していくことで「まちづくりを育む」ことが可能な文化を、地域社会の中で構築していくことができるのである。

一方で「まちづくりが育む文化」とは、「まち育」と通底している。まち、そしてまちづくりという営為によって育てられた人たちが担い手となって、新しい地域文化やまちづくり文化が創造されていくことに疑いの余地はない。上述した近江八幡の事例は、正にこのことを物語っているのではないだろうか。「観光とは地域文化の創造である」とは、昭和50年代の足助町（現、豊田市足助町）のまちづくりの中から生まれた至言であるが、「観光」を「まちづくり」に置き換えても全く問題なく妥当する言葉である。

まちづくりや観光が、地域文化にとってプラスの変容をもたらすことができなければその意義

も無に等しく、したがって持続的な推進も不可能であろう。しかし内発的でかつ住民の暮らしに対する共感を忘れない本物のまちづくりや観光文化の振興であれば、必ず地域文化は、地域の哲学（フィロソフィ）を変えることなく、新たな創造へと導かれていくに違いないのである。

一　地域のエートス、あるいは地域遺伝子

「まちづくりを育む文化」と「まちづくりが育む文化」の中に共通して見いだすことができるキーワードをさらに挙げるとすれば、それは「地域のエートス」ではないかと常々考えている。地域の心性、あるいはもっと砕けたいい方をすれば地域の心意気といってもよいのかもしれない。さらにいえば、広義の地域環境（単なる自然環境のみならず、歴史・文化的環境、社会経済的環境、人的環境など）が育んできた住民の心性こそが「地域のエートス」なのである。そしてこのエートスは、生活文化を中心とした地域社会の日常性の持続に大きな力を発揮するものである。早稲田大学助教授の後藤春彦がいう地域遺伝子という言葉にも通じるところがあるといえるだろう。

「持続性ある発展をめざすまちづくりの究極の目標も地域の種の保存かもしれない。（中略）私たちの身体は種の保存のために遺伝子を伝達する容器にすぎない。（中略）これと同じように、地域にも遺伝子が存在するのではないか。あるいは、その様な地域のとらえかたから新たに発想できることがあるのではないか。これを地域遺伝子と呼んでみたい。地域遺伝子とは地域が受け

継いできた未来の設計図に他ならない」[10]

「地域を生命体のアナロジーとして理解する場合、コミュニティによって脈々と受け継がれた『地域遺伝子』とでもいうべきものの存在を考えないわけにはいかない」[11]

そして後藤は、

「四季のうつろいに彩られた祭事や食文化、時空を超えて磨き上げられた技や知恵、相互扶助としての結や講など、それら一つひとつが、地域のアイデンティティの源泉にほかならないが、昨今はそれらを見かけることがことのほか難しくなってきている」[12]

として、地域遺伝子が容易にその姿を現さなくなってきていることを懸念している。地域遺伝子、そして地域のエートスの存在性と必要性を認識することがハード偏重の画一的なまちづくりに終止符を打つための第一歩であることは論を待たないと思うが、後藤の懸念を杞憂とするためにも私たちが地域社会の中で努めなければならないのは、「まちづくりを育む文化」を、すなわち「まち育て」をどう実践していくかであろう。

確かに稀有な例かもしれないが、コミュニティの歴史としては極めて日の浅い洛西ニュータウンなどのケースのように、「初期の歴史」の中で地域遺伝子を構築し得る可能性もある。その究極の秘訣は、やはり「人」とまちづくりを通した、地域社会での「協育」なのである。

（1）『柳田國男対談集』筑摩書房、1964年、185ページ。
（2）朝日新聞（名古屋版）1992年7月17日付夕刊、後藤総一郎「民俗文化の変容を問う」。

（3）報告書「実践から読み解く地域再生戦略　九州の11事例にみる地域経営のポイント」、日本政策投資銀行九州支店・財団法人九州経済調査会共同制作、2005年。
（4）川上光彦他、山海堂、1994年。
（5）『まちづくりはノーサイド』かわばたごへえ、ぎょうせい、1991年、148ページ。
（6）（5）9ページ。
（7）『人と縁をはぐくむまち育て――まちづくりをアートする』延藤安弘・編著、萌文社、2005年。
（8）『「まち育て」を育む――対話と協働のデザイン』延藤安弘、東京大学出版会、2001年、21ページ。
（9）『脱ファスト風土宣言――商店街を救え！』三浦展・編著、洋泉社、2006年。
（10）『まちづくり批評』後藤春彦・監修、ビオシティ、2000年、161ページ。
（11）『まちづくりオーラル・ヒストリー――「役に立つ過去」を活かし、「懐かしい未来」を描く』後藤春彦他、水曜社、2005年、23ページ。
（12）（11）23～24ページ。

第2章——地域に学ぶことは生涯現役

～自分史に挑戦する人生の先輩たち～

——鳥羽都子

自分史を活用した地域づくり

過去・現在・未来を俯瞰し、今に生きる

近年、音楽、現代美術、あるいは伝統芸能などの表現活動を活かした地域活性化が注目されている。しかし、「芸術文化による地域づくり」は、必ずしも、パフォーミングアーツやファインアーツにかぎらない。個々人や地域文化それぞれが得意とする分野で自己表現が行われていることが重要である。

若い世代は比較的、ダンスや楽器演奏に幼いころから親しめる環境にあり、また、その技術やセンスを表現手段として持っている。しかしながら、シルバー世代にとっては、言葉以外の手段で自分を表現するのは難しい。また、複雑な心情や正確な事柄は、言葉でしか表現できないという側面もある。

本章では、大都市近郊のまちに生きる人々が、仕事や子育てに追われる年代を終え、地域に戻ってきたとき、個人の趣味の域を越えた（つまり、ただ習いごとや成果発表をするだけが目的でない）文化活動発信の場をつくり、地域に共感と協育の新たなコミュニティづくりがもたらされるという可能性を紹介する。

そして、議論が起こることを期待して論考をあえて展開すれば、新興都市に適した文化による地域づくりが、どのように人と人、人とまちをつなぎ、世代を越えて協育の連鎖を広げていける

のかを提示したい。

一 自分史サークルは協育のコミュニティ

ある新興都市の文化施設の一室で、50代から80代の男女20人ほどが、にぎやかに意見を交換する姿が定期的に見られる。初老の男性が進行役を担い、80歳を超えてなお若々しい笑顔のかつての文学青年、車椅子に乗ったリハビリ中の女性など、さまざまな顔ぶれが、原稿を並べた机を囲んでいる。

話題は、それぞれが家で書いてきた「人生の物語」の原稿、つまり「自分史」である。文章や漢字の使い方、送り仮名、ときには内容についてまで忌憚のない意見を交換する。精魂込めて書いたものを批判されるのは気分が落ち込むものである。ましてや内容は「自分の歴史記録」。批評するのは、指導する立場の講師ではなく、自分と同じサークルのメンバーである。表面的なつきあいなら気まずくなるところだが、自分史サークルの会合では、真剣な討議の合間に笑いが沸き起こっている。緊迫した空気になったとたんに、離れた席の人から茶々が入り、場を和ませる絶妙さは、「年の功」を思わせる。社会で揉まれてきた各々の人間性が醸しだされ、真摯でいて和やかなのが、この集まりの特徴である。

「教え、教えられという転換がおのずと起きる、それは当然である」という感覚。これは、自分史サークルが内在する豊かな可能性ではないだろうか。

一　人生の経験を介して相互理解

　定年後の男性の3大趣味は、「農業、そばうち、陶芸」だそうだが、独自の世界観を孤高に追求する志向が感じられるのは偶然なのだろうか。

　長い間、仕事を通して社会とつながり、自己表現をしてきた男性は、退職後「地域社会とのつながり方」と「人生のあり方」という極めて困難な自己の位置づけを迫られるのではなかろうか。そのようなときに、自分史サークルで人生の物語――自分史を仲間と書くことが「新しい生活へと舵を取るきっかけになった」という声をよく聞く。

　自分史サークル入会3年目の男性は、私鉄駅近くに家を買い、そこから都心部へ20年間通勤していた。だが「退職したときには地元の道1本も知らなかった。市内を運転するような機会はほとんどなかったから」という。

　「何かすることはないか」と市の広報を見て自分史講座に参加したのがきっかけで、さんざん迷った末にサークルに入会。今は、サークルの例会（月1～2度の勉強会）の度に、サークル仲間でリハビリ中の車椅子の女性の送り迎えをしている。他にも、運転するのが困難になった15歳年上のサークル仲間を隣町まで送迎する人など、「高齢者同士の助け合い」が、ごく自然に行われている。

　春日井市で最も古い自分史サークル「春日井市自分史友の会」の文章指導や、日本自分史センターでの相談員を務める平岡俊佑は、「いわゆる会社ベースの人間づきあいではない、狭い地域のつきあいでもない、新しい次元の人間づきあいができている」(1)と評価する。

一 なぜ自分史は書かれるのか

そもそも自分史とは何か。

自分史とはその名のとおり、一個人の歴史をまとめたものである。日々の思い、出来事を印象的に描くことを主眼にしているエッセイとは異なり、人生の出来事を、ある一定の時点で、広がりを持った視点で解釈する。エッセイもブログも積み重ねれば「人生の記録」であるが、あえていえば、生活のワンシーンを切り取るのではなく、個人の人生のある時点で記憶をまとめ、現在に至るまでの軌跡や生活の積み重ねを書くことが自分史なのである。さらに「人生の記録」だけではなく、「過去の再解釈を行う、自分を振り返る」という価値があることも強調しておきたい。

歴史的にみると、柳田國男が高く評価した、文字に頼らない民話や民謡という自己表現は、「口承文芸」として農村で受け継がれてきた。近代化による教育の普及で、庶民の記録は文字に残されるようになったが、それは研究者らの手によるもので、庶民の中から自分たちの手によって記されたものは少なかった。

やがて、出版業の成立とともに、都市部を中心として、資産家や創業者の「伝記的回想録」がつくられるようになったが、庶民の人生や価値観の表現が文字記録に現れてくるのは、戦後になってからだったとされている。

「自分の人生を自分で表現する庶民の活動」としての自分史は、「生活記録運動」を経て一般化していく。1950年代に、個人の生きた軌跡の中に日本人の変化を見いだした鶴見和子は、生活綴方運動の意図について、「子どもの人格形成が眼目だったわけですが、私は、大人の自己再形成の手段としてやってみようじゃないか」と提案した。

さらには生活記録運動の特徴のひとつとして「自分を含む集団の中でやっていく」ことを挙げ、「学者が『日本は』と言ったときに、自分は日本の外にある。（中略）自己を含む集団として、相互に意見を取り交わすということが大事です」と述べており、自分を含む集団と自分自身を見つめるという自分史執筆者との地域での関係性を示唆している(2)。

しかしながら、アカデミズムに対する庶民の表現活動としての「生活記録運動」は、高度経済成長期に退潮する。その後10年ほどを経た1960年代半ば、「ふだん記」運動が各地で行われるようになっていく。「ふだん記」とは、民衆史の発掘を手がけていた橋本義夫の信念から全国に広まったものである。当時、民衆史は歴史認識や資料的な裏づけに乏しく、信用性に欠けると見なされ、史学の立場からは、あまり認められていなかったという。

しかし、「庶民」の中にも、生きた真実や体験があると信じた橋本は、「自分の言葉で事実を記録すること」に価値を置き、「下手に書きなさい」という言葉で、文を書くという抵抗感を取り除いていった。「あいちふだんぎ」に掲げられた橋本の言葉を紹介する。

「庶民がだれでも、晩年に『人生報告書』（自分史）を刊行する。これは人類文化の高度の段階であろう。それを日本の無名の庶民たちがやるのだから意義がある」

「競争しない。差別を認めない。新人に拍手する。年功序列を認めない。劣等感を与えない。あらゆる職業、身分の人と共に楽しむ。そういう要素を内包した文化を創りたい」

万人が文章を書くことで「庶民」の可能性を開こうとする「ふだん記」運動は「その人よかれ、その土地よかれ」の橋本の言葉に結実していく。

さて、「自分史」という言葉は、比較的新しい。歴史家の色川大吉が1975（昭和50）年に発表した『ある昭和史――自分史の試み』（中央公論社）の中で、「庶民の文章運動」と紹介し、「自分史」が認知される大きなきっかけとなった。

1997（平成9）年には、小林多寿子が『物語られる「人生」――自分史を書くということ』（学陽書房）で、庶民の文章運動から生まれた自分史の沈滞と再生を経て、自費出版を手がける出版社を中心とした「物語産業」が隆盛することにより、1990年代の自分史ブームが起こったと一連の流れを整理している。実際、設立8年目を迎える日本自分史センターに寄贈される本には、初期のころは各地の印刷会社の製本や手製のものが多かったが、最近では自費出版を手がける出版社による造本が多くなってきている。

一方、人類学の分野では、ライフストーリーの事例研究が文化的類似性や多様性を測定する重要な資料として価値を認められてきた。

また、社会学や心理学、教育学の見地からは、個人にとって重要な物語を共有することで家族や共同体の結びつきを強くすると評価されている。例えば、人間関係が希薄になり、コミュニティからの疎外感が募る現代社会において、「人生の物語」を伝えることによって葛藤や抑圧感が解消され、自他の経験や価値を認めることに結びつくと報告されている(3)。

最近では、人生を語りたいというだれもが持つ内的要求を理解し、その機会を提供し共有することで、人生に価値を取り戻させるセラピーや、認知症療法に効果的な回想法という新しい手法が工夫されるほか、キャリア開発にも活用されている。

以上のことから、自分史は「書くことや読むことで、自分や他人の人生の意味を理解し、人生や環境を充実させていくことができるもの」ととらえることができる。

一 自分史活動は地産地消

10代のころに親友の死と浪人生活を経験し、自分を駆り立てた一連の思いを記した『浪人だった頃――亡き友に約束して』(マナハウス)を出版(4)した塚田守は、次のように語っている。

「自分史を書き終えたあと、元気になった。過去を振り返って、若い時の自分と対話をして、その頃の自分からエネルギーをもらうんです。といっても、肉体はそうはいかないのですが(笑)。高校のときに亡くなった友達の三十三回忌に合わせて、彼の母親に贈るという目的で書いたわけですが、自分の母親や兄弟にはずうっと、本を書いたことを隠していました。なんであのとき、もっと仕送りしてくれんかったんか、とか、兄貴のところに居候していたころの抑圧されていた浪人の一年間の気持ちを正直に書いていました。だから、これは、見せてはいかん、と。ところが、賞(5)をもらったものですから、うれしくなって、あちこち配ったところ、まず、母親から電話がありまして、『お前も苦労したんやな』と涙声なんです。姉妹や兄貴からも電話がありました。『あんなに悪口を書いたのに、いいのか？』という感じでした。正直に書いたんですけれども、全体として、家族への感謝の気持ちがでていたのじゃないかと思います。自分が若かったときには、あんな風にしかできなかったけれど、今書いてみるとこういう風に解釈できることだったのかと思います。かっこ悪いことを書くことによって、自分が少し変われるような気分になりました」(6)

塚田は、三浪を経て無事大学に進学。アメリカで社会学の博士号を取得し、現在、大学教授として、「語りは自分と他人への贈り物」という見地で、自分史を研究している。

地元の私鉄関連会社で重役を勤めた伊藤務は、退職後、脳梗塞で失語症を患った。医者に「文章を書くのがいちばんのリハビリだ」とアドバイスされたこと、そして孫に自分の人生を伝えておきたいという思いが動機となり、日本自分史センターの自分史相談に訪れた。最初の相談日には、前述の平岡相談員が病状の程度を知ろうと「これの名前を言ってください」と指す「ボールペン」や「鉛筆」の単語が出てこなくて涙を流したという。それでも相談員との2年越しの二人三脚によるリハビリの成果で、大学ノートに乱れた小さな字で書き続けた努力を実らせ、『夢を描きつづけて悔いなし』(リュウ・コーポレーション)を上梓した。

序文からその前後の伊藤のことを紹介する。

目にしみるような青葉若葉の映える初夏の頃、伊藤務さんから久しぶりにお電話があった。私は、伊藤さんの声の明るさ、ハリのある口調に驚いた。それまで、伊藤さんは脳梗塞の後遺症で療養中とばかり思っていたからである。

「すっかりお元気になられたのですね」という私の言葉が終わらないうちに、伊藤さんは堰を切ったように、自分の80年余の人生の記録を毎日書き綴って、それが1冊の本に成る程の分量になったと言われた。

そして、書くほどに、書けば書くほど、1日、1日と元気になったと、お話にも喜びがあふれていた。（中略）

伊藤さんの受賞理由はたくさんあるが、選考委員会が注目したのは、その観光哲学である。岩切章太郎氏と同様に、渥美半島の大地をカンバスに見立てて、そこに花と潮騒の夢を描き続けてきた。

伊藤さんは、観光は「生活文化」であり、「地域文化」であると考えられている。だから、伊藤さんの観光開発は、すべて、地域とそこに住む人々との生活と、常に一体となって進められてきたのである。

伊藤が受賞したという「観光の文化勲章」岩切章太郎賞(7)は、「観光宮崎の父」岩切章太郎の功績をたたえ、その観光哲学や偉業の継承・普及を図ることなどを目的に宮崎市が創設した賞である。これは、そのときの審査員だった宮崎産業経営大学観光学部教授の渡辺綱纜《つなとも》が寄せた序文である。

失語症からすっかり回復した伊藤は、自分史出版後に、自分史サークルに入会。最長老のひとりとして、月1回の例会に欠かさず顔を見せる。充実感あふれる顔は、重い脳梗塞の後遺症に苦しんだ80代半ばの人とはとても思えない。もし、自分史に出会わず、身ぎれいにして出かける例会もなく、次の例会のため家で文章を練り上げて頭を使うということがなければ、今の笑顔はなかったにちがいない。

「自分史なんて立身出世した年寄りの懐古趣味」、「地味でしんきくさい」と思われがちである。しかし、自分史を書く人こそ、「今」を生きている。結局、自分史とは、「昔」を描いているようで、「現在の自分」を如実に表しているものなのである。

加えて、「書く」という行為が発展し、「自己満足に終わらせずに仲間づくりをして、ひとりでも多くの人に読んでもらう工夫をしていくと、いつの間にか、その活動は、地域の文化づくりに貢献しているということになる。自分史づくりという個人の営みが地域や社会のさまざまな機関と関係を持つようになって」(8)、地元の印刷会社や出版社、製本やパソコン編集を手がけてくれる人を巻き込み、地域で「書く・本を創る・読まれる」という循環関係が生まれ、やがては自他の理解や後述の「聴き取り自分史」をなす底力がついてくるのだ。

自分史のまちづくりの実践

春日井市のまちづくり

愛知県名古屋市の北東部に隣接し、ＪＲ中央線で名古屋から20分足らずのところにある春日井市では、自分史活動が盛んである。交通条件や自然環境に恵まれたこのまちでは、昭和40年代に、多摩、千里と並ぶ日本３大ニュータウンである高蔵寺ニュータウンを筆頭に住宅開発が行われた。数十年前まで農村や竹林があった風景には、住宅が整然と立ち並び、丘陵地の斜面には集合住宅が配されている。駅前整備や区画整理を積極的に推し進めた結果、街路は広く、大きな道路沿いにはロードサイドショップが立ち並ぶ。

人口が30万人を超えた近年は、「良好な生活都市」としての性格がますます強くなって、子育て世代が流入し、人口は今も増加傾向にある。

一方で、人口の半分が市外から流入し、郊外型ベッドタウンの様相を呈していることから、昔ながらの市《いち》や商店街は姿を消しつつある。複数の町村が対等合併したため、中核となるような市街がなく、さらには車社会のため、にぎわいの場が分散し、「目的地」と「自分」、「知りあい」と「自分」という「個対個」という関係性に陥りやすい。それゆえ、人々の交流や歴史文化が渾然一体となることで醸しだされる「場所の力」がまちの中に生まれにくい環境である。

「春日井市って聞いたことあるけれど、どんなまちかは知らない」、「人口が意外に多い」と評されるように、都市の個性がとらえがたい傾向がある。今後、都市アイデンティティをどのように確立していくのか。春日井市に流入した市民が地域でどのような文化形成をするのか。高齢化に対応した文化による地域活性化をどのように図るのか――。これらの課題に自分史活動の展開を重ね合わせてみる。

一 特徴ある文化施設づくりから

なぜ、春日井市で自分史が盛んになったのであろうか。

１９９０年代の初め、春日井市では複合型文化施設の整備にあたり、市民が主体となって文化芸術活動を行い、自分たちのまちづくりに特徴を出したいと、市民、行政、学識者を交えた活発な議論が展開され、その結論が「自分史」だった。また、「自分史」という言葉を知っている人が少ない中でのスタートだった。

当時の担当者によると、自分史活動をスタートさせた経緯については次のような要素が配慮されたといえる。

「当時、県の施策で『魅力ある愛知づくり』というものがあり、他にはない特徴のある施設づくりのための補助金が出るという事情があった。地域の特性を踏まえた独自の施設づくりを考えていく中で、学識者からのアドバイスから検討を重ねて、自分史に着目をしていった。『自己実現や自他の再発見を手助けする』という自分史の特性が、『コミュニティの活性化』や、『新しい

人間関係を築く』ということが求められる新しい文化施設に適した文化活動として、行政は期待をかけたのです」(9)

「魅力ある愛知づくり」とは、「地域間競争が激化する中で、21世紀に向けて、市町村の個性と魅力にあふれたまちづくりへ取り組むことの必要性」から、1994年(平成6)年度に県が創設したものである。「全国にアピールできるような地域の魅力を創造する公共施設整備事業」の促進を期し、県が補助金を交付するものであった。

対象となる施設の要件として求められたのは、①交流新時代にふさわしい、②情報発信性に富む、③全国にアピールできる、④ハイグレード、⑤市町村単独事業の5点であった。

日本自分史センターは「全国の自治体としては初めての自分史センターを開設し、全国へ向けた情報発信拠点としても大いに期待できる」、そして「新たな魅力の創造型」施設として、補助対象となったのである。

1990年代といえば、既に各地で建設された文化施設の乱立が問題になり、地域の需要には過大すぎる施設や、建設後の運営や予算のプランを持たないままの豪華なホールなど、ソフトなき「ハコモノ行政」への批判が高まっていた。一方で、一村一品運動の文化版ともいえるような、県が主導する市町村の文化的個性の育成も盛んに行われていた。

そうしたなか、1並びで幸先がよい平成11年11月11日、新しい複合文化施設「文化フォーラム春日井」がオープンした。文化フォーラム春日井は、図書館と文芸館で構成される複合施設で、文芸館には参加・体験・創造の拠点となるべく、開放感あふれる交流アトリウム、ギャラリー、視聴覚ホールなどを配置し、さらに2階の一角に、自治体として日本初の自分史拠点「日本自分史センター」が設置され、運営にはかすがい市民文化財団があたることとなった。

多くの自治体が文化施設の運営にかかる経費の引き締めにかかるバブル経済崩壊後の時期に、春日井市には他の多くの自治体より少し遅れるかたちで大型施設がオープンしたのだ。春日井市では、身の丈にあった特徴ある文化施設づくりとして自分史を選び、行政の先見性、市長の主導性が功を奏し、事業は順調に進展した。

日本自分史センター

日本自分史センターには、全国から続々と寄贈される本がずらりと並び、「自分史専門図書館」の態をなしている。ここでは、自分史を書いてみたいという人の相談に無料で応じるほか、自分史の収集・保存・貸出などを行っている。

最近では、「自分史のことなら春日井」と認知度が高まり、「図書館で自分史を書きたいと相談したら紹介された」と隣県から自分史相談に通う人、生涯学習関係の担当者からの問い合わせや見学者、旧満州国の戦争体験を探す人、教育学の研究者や学生などが足を運び、マスコミや学識者にもしばしば取り上げられるようになった。

また、春日井市民の自分史も書棚を何列も埋めるほどに並んでいるため、「知人の本を見つけてびっくり」ということもよくあるらしい。例えば、「小学校時代の担任の自分史があって思わず手に取った」、「何気なく読んでみたら、友人の名前が出てきた」など、自分史を介した思わぬつながりもあり、自分史活動のひとつの核となっているといえる。

一 春日井市で自分史が広まった4つの要因

古くて新しいまち——それが春日井だ。尾張城主が犬山城への往来に通行する上街道、庶民が利用した下街道が市内を通っている。１９６０年代半ばからの10数年間は、１年に約１万人という驚異的な人口増加により、急速な都市開発を余儀なくされ、市全域にわたる区画整理やニュータウン建設で、農村が急激に住宅都市になった。現在、人口の半分が市外からの転入者といわれている。

一般的に、行政が打ちだしたテーマによる「文化のまちづくり」は、市民の支持を得にくく、行政の掛け声倒れになるケースも多い。

では、行政主導による「新しい文化」が地域に根を張ることが難しい中で、なぜ春日井市で自分史が受け入れられたのだろうか。

春日井市の自分史の普及には、日本自分史センターという拠点があることが大きいが、それだけではない。自分史文化が受け入れられた理由、それは、春日井市が住宅開発を梃子にして成長してきたというまちの地域性にある。つまり、全国各地から人が集まっているまちであることが、自分史を受け入れる土壌となった。このことを踏まえ、自分史が広まった理由を以下の４つに大

一 春日井市の人口推移

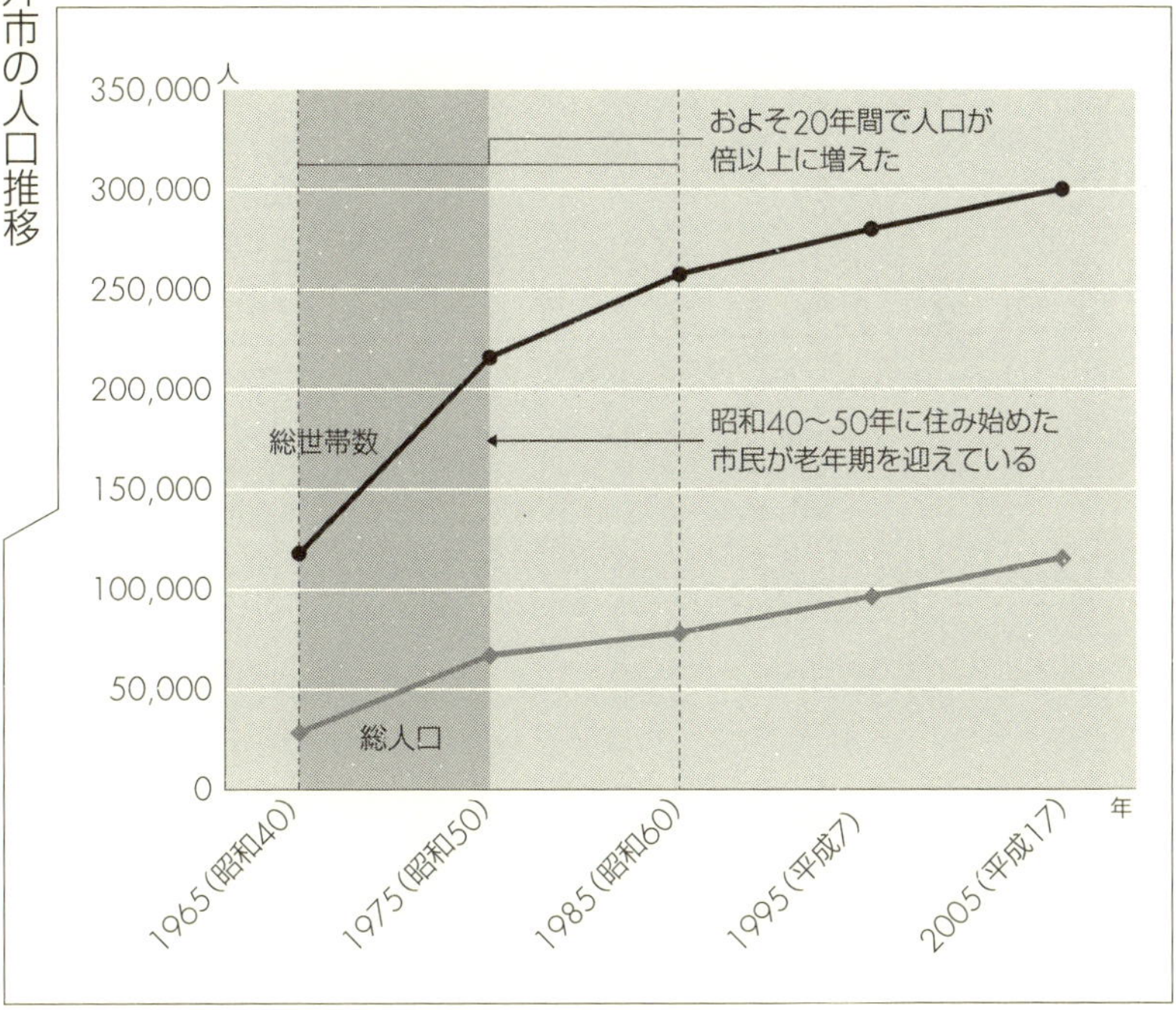

別した。

第1に、ふるさとを離れ、一人ひとり異なる境遇で人生を切り開いてきた「新住民」が、「自分の半生を振り返る」ことで自分の人生行路を再発見したいという潜在的な欲求を持っていることだ。自分史サークルのメンバーの多くは、故郷を出て、春日井市に「マイホーム」を購入した人たちだ。家族と築いた人生を振り返り、「終の住処」を建てて新しい土地に根を下ろす。さらに、自分のルーツや人生の意味を再解釈して書き表すことで、人生の節目をつくっているのである。

第2に、経済的苦境や、家族の死、闘病体験、嫁ぎ先での苦労など人生のさまざまな局面をもつづる自分史は、地縁血縁が濃い地域では表現が難しいことがある。例えば、泉鏡花や室生犀星など数々の文豪を生み、地元雑誌が数多く発行されるなど文学の風土が豊かな金沢市では、自分史講座から優れた文集も発行される一方で、春日井市のようなサークル活動による横のつながりはそれほど活発ではない。

第3に、知的好奇心や自己表現意欲の高い市民が多く居住するニュータウンの市民特性だ。日本自分史センターは市域の西部に位置するが、月に何回も足を運び熱心に活動する人の多くは、市東部のニュータウン在住者である。

第4に、歴史的には、庶民の道である下街道が通っており、三重の蕉風や、徳川宗春以来の伝統ともいえる尾張藩の文化などが伝わって、俳句や狂俳（冠付、7・5調で洒脱さやおかしみを旨とする。江戸後期、名古屋を中心に好まれた）に庶民が親しみ、江戸時代から比較的識字率が高い地域だったといわれていることだ。また、「平安の三蹟」のひとり、書聖・小野道風《おののみちかぜ》生誕の地と伝えられていることから、書道が盛んな土地柄で、「書のまち春日井」を標榜している。「書く」という行為をさらに進め、思索し、文章をつづるという意義がつながって、「書のまち」から「書くまち」へという気風があったのではないだろうか。

一 文化振興ビジョンに謳われた効果

自分史活動を育成・支援する立場にある春日井市の文化政策を位置づけるものが総合計画の部門別計画である「かすがい市民文化振興ビジョン」だ。ビジョンでは「自己実現ができるまち春日井」をまちづくりのテーマとし、「自分史のまちづくり」をそのひとつの方策として掲げ、「日本自分史センターを核に、自分史普及のため先進的事業に積極的に取り組み、全国に知られる自分史のまちを目指します」と表明している。

文化政策の一環として自分史を選択し、さらに「文化振興ビジョン」によって、行政が自分史活動を支援をする一定の根拠があったことは、センターを運営する文化財団や市民団体が、継続的に自分史活動をしていくうえで力強い支援になったこととして見逃せない。

自分史サークルの協育効果

春日井市の自分史活動の特徴を追う

成功譚をつづった本を知人から贈られ、婉曲に読後感想を求められて困惑した経験はないだろうか。

春日井市の自分史活動の特徴は、「自慢史でなく自分史を」と提唱しているところだ。「自分の人生を振り返ることで節目ができる。その節目を越えることによって、新しい人生に踏みだせる」という「未来につながる自分史」ととらえている。

また、もうひとつの特徴として、自分史講座を修了した人の同窓会・勉強会的な8つのサークルが自主活動していることがある。メンバー同士のつながりも深い。サークルを通して、読み手から励ましがもらえ、さらには「人の自分史を読む」ことで新しい交流を生んでいった。

一　自分史活動の協育能力

次に、いくつかの声を聞いてみよう。

豊田市から自分史相談に通っている都築勝宣は、つい最近、1冊の本を仕上げたが、自動車関連の機械製造会社に定年まで勤め、文章とは縁のない会社人間だったという。歩んだ道を孫に伝えたいとペンを取り、原稿用紙３００枚を書き上げた。「改めて自分を知り、これからの人生を積極的に考えられる」と語り、自分史執筆は、後半生の折り返し点になった。現在は、自分史サークルに加入して引き続き執筆活動を続け、サークルの中心人物ともなっている。

10歳になるかならないかのころに、満州から引き揚げる混乱のさなかで、両親と弟2人、末の妹を次々に亡くし、極限の状況の中ですぐ下の弟と妹を保護しつつ日本にたどり着いた澁倉みどりは、戦中戦後の経験を小品にし続けている。「思いだすと今でも涙が出る」と声を震わせながらも、「若い人にこの経験を伝え、戦争はどんなことがあってもしちゃいけない。苦しむのは子ども。今の平和がどんなにありがたいかとわかってもらいたい」と、戦争体験を取材する地元のＣＡＴＶなどに協力している。そのベースとなっているのは、書き続けている自分史である。

胸にしまっておくより、文章にして整理することで経験が昇華され、過去の経験に新しい意味が付与される。そのため、人生の収穫期を迎えた世代は、その効果をより実感しやすく、自分史を通じて、「これまでとこれからの自分」に2つの想いを抱くようだ。

ひとつは「今の自分があるのは、努力の成果だと思っていたが傲慢だと知った。多くの人のおかげだと身にしみる」などの言葉に集約される「共に生きる」という振り返り。そしてもうひとつは、「山あり谷ありだったが、力を振りしぼってここまできた。なんとかこの先の人生もやっていけるのではないか」という「自己評価」である。

自分史を書くことで、実はそれほど愉快なことばかりを思いだすわけではない。多くの人は、安心と不安、幸運と不運、絶頂と失意を経験している。それらと真正面から見つめ直し、みずからの経験の意味を再解釈することにより自己認識が深まる。自分の言葉でつづることによって自分を深め、なんらかの痛手から回復するきっかけをつかみ、あるいは自省し、他者に伝える能力を獲得していく。多くの場合、自分史をつづる営みは地域のサークルで続けられるため、自分史を語るという個人の営みは内にとどまらず、仲間の話をじっくりと聴き、それまでの人生では交わる機会がなかった人と交流していくうちに相互作用を起こし、地域の文化づくりに貢献していく存在になるのだ(10)。

一　サークルの協育効果

さて、話題を日本自分史センター開設時のことに戻そう。自分史は、必ず市民に受け入れられる。そうした確信のもと、春日井市は活動を開始した。施設オープン2年前、最初に行った活動は「リーダー養成」だった。自分史活動を見据え、「市民のユニークな文化活動を大切にしよう」という識者の展望が伝えられた。

施設オープン前の1998（平成10）年に開催した「全国自分史フォーラム」には、鋭敏な時代感覚から自分史の意義を早くも認めていた作家の藤本義一、庶民の文章活動の成功の意味とその過程を紹介し、自分史の全国的な展開をもたらした歴史家の色川大吉らを招き、ディスカッションを行った。当時の自分史に関わる代表的な人物が、春日井の自分史活動の起点に集った、ということは意味があることに思われる。このプレ事業には全国から1000人あまりが集まり、

「自分史ブーム」が起こりつつあることが実感されたという。

リーダー養成講座の参加者からの「早く自分史講座を開いてほしい」という意欲的な要望から、手探りながらも行われた講座が、大きな意味を持つことになる。自分史サークルの結成である。講座の受講生27人が、自分史サークルを結成したのだ。彼らは、春日井市で最も古く、最大規模の自分史サークル「自分史友の会」の中心的メンバーとして、70代から80代となった今も現役で活躍している。

毎年、複数の自分史講座が継続的に実施され、その修了生を中心にサークルが増え続け、現在では9つのグループが活動している。サークルでは、主に短編を書き、例会で相互理解の関係を築く。作品は1年に1～2度発行する会誌で発表される。一人ひとりが発信者となることで、書くだけではなく多様な生き方や視点を伝え合うという、自分史の持つ「協育」の魅力が増しているのではないだろうか。

個人と出版事業者、個人と指導者という関係による執筆活動を越えた関係を育むこのサークル活動は、春日井市の自分史活動に新たな展開を生みだすことになる。

―サークルの枠を越えて――『平和への祈り』制作

かすがい市民文化財団は、数千冊に及ぶ所蔵本を活かそうと、２００５（平成17）年度より企画展示を行っている。現在の自分史執筆世代が等しく共有したものは、「戦争時代」であるため、所蔵本には戦時中の実体験を書いた作品が多い。そこで、企画展示の第2回目は「平和への祈り——戦後60年に語りつぐ」とした。

財団担当者は自分史サークルに対し、「本の推薦や書評執筆などに協力してもらえないか」と依頼をした。自分史サークルでは、短編を持ち寄って合評を行い、その小品を、それぞれ、「けやき」、「わだち」、「まいしゃ」などの個別の会誌で発表するという活動を主にしているので、複数のサークルが顔を合わせて日本自分史センターの事業に協力することは、初めてのことであった。その間の経緯と苦心談を、サークル代表者は次のようにつづっている。

準備にあたって、市内の自分史サークルに協力の依頼があり、私たちからも戦時体験の作品が掲載された「会誌」を展示することになりました。ただ残念にも、作品は多数のバックナンバーに分散されて掲載されているのです。それらを急遽バックナンバーから抜粋して1冊にまとめられないか？と考え、各会の幹部に提案したところ、「実は僕たちもそう考えていた！」と、提案は即決、直ちに着手となりました。ここに初めて3つの会の共同企画がスタートしたのでした。

日本自分史センターの活動は、個々の人が自分史を書くだけではなく、書かれた作品をたくさん読んで、そこに歴史との繋がりを感じ、自分の歴史を重ねてみる体験を多くの方々にして貰える機会を与えてくれるものでした(11)。

歴史書や戦史にはみられない、一市民の実体験が、
真実の重みをともなって胸にせまります。
自分史作品集
平和への祈り
―戦後六十年に、語りつぐ―
春日井市自分史友の会
春日井東部自分史友の会

作品集『平和への祈り』

展示に間に合わせるため、制作期間は2週間。編集担当者の必死の徹夜作業や、版下担当者のパソコンがあまりの酷使によって故障するなどのドラマを経て、初めてのサークル合同作品集、『平和への祈り』が完成した。製本されたばかりの本を「展示に間に合うように」と急ぎ日本自分史センターに届けに来たサークル代表者たちの達成感と充実の面持ちは、感動的ですらあった。この本は、後に、日本自分史学会のサークル大賞を受賞する。

一 多様なニーズへの対応と新しいチャレンジ

日本自分史センターの運営にあたるかすがい市民文化財団は、サークルに並び、自分史活動の育成・普及に関わる重要な主体である。財団では、自分史講座などの育成型事業、資料収集など情報の蓄積型事業、シンポジウムや公募作品集制作などの発信型事業など、多彩に事業を展開している。

①自分史講座

多様な受講者ニーズに対応するため、年間5～7本の多彩な講座を開催する。定員を大幅に超える申し込みがある講座は、若者や女性に人気の「エッセイ講座」、パソコンで文章を書くことに興味がある人を自分史に誘う「パソコンde自分史」、思い出の写真から自分史を紡ぐ1日講座「一枚の写真から……」などである。

基本的な文章作法だけを習いたいという動機で受講した人も、「文を練り上げて理解しやすく、共感を呼ぶ文章をつくる」ということが新鮮だといい、講座後のアンケートでは、ほとんどすべての受講者が「なんらかのかたちで自分史を続けたい」と答えている。

②自分史相談

「自分史を書いてみたい」「本をつくりたい」という人は多い。そこで毎週火・金曜日に、初歩的な原稿用紙の使い方から、出版の道筋まで具体的な自分史づくりに係わる無料の個別相談を行っている。相談者は市内だけでなく、県内や隣県からも訪れ、自分史相談から生まれた書籍は数多い。

③サークル育成

サークルの活動を育成するため、印刷室の無料利用を提供している。会誌づくりには、工夫を凝らしたお手製の「万力」や「角をぴったり合わせる製本台」などを持ち込み、会社員時代に培った連携能力で、裁断や丁合いを手分けし、印刷会社でつくった本と比べても遜色がないレベルの製本が完成する。

④自分史図書館

2冊寄贈されると、1冊は貸し出し用、もう1冊はそのまま保存用として残される。そうして集まってきた本は6000冊を超える。個人の思い出が、やがて社会の記録、地域の財産となっていくのである。

書名 （発行年月日・年齢・性別）	作品概要
かく生きてあり 金ちゃん春秋記 （2002/8/1・63歳・男）	肝臓を病み、死を覚悟したときから、自分史完成を決意。福井県大野市から夫婦でいたわり合い、四輪駆動車で春日井に通い続けた末、ついに完成させた大作。
意志あれば成る 泰っさんの人生 （2001/6/15・68歳・男）	貧しい家庭で、しかももらわれっ子。義務教育もろくに受けられなかった少年が、今や中京地区和菓子界の重鎮的存在に。日本自分史学会自分史大賞部門のグランプリに輝いた本。
ゆずり葉の詩（うた） ――母へのレクイエム （2001/3/20・69歳・女）	伊那谷で青春を過ごし、小学教師、主婦、子育てと忙しい日々を送った人生。その心の裡には、詩心あふれるメモ帳を残し、若くして逝った母への想いが……。
終わり良ければすべて良し （2000/12/23・74歳・男）	戦時下の学生時代から、戦後の春日井・小牧地区で名の知られた電気会社の副社長でリタイアするまでの半生記。
夢を描きつづけて悔いなし （2001/10/30・83歳・男）	脳梗塞で倒れて、退院後ただちに自分史相談に訪れた。「書くことによってみるみる回復した。自分史は生きるパワー」と力説してやまない著者の、波乱にみちた一代記。
夢にあらずや ――二人で築いた七十年 （2002/9/15・93歳・男女）	ともに手を携え自分史相談に訪れてつくりあげた2人の夫婦史。もともと虚弱体質だった2人が書くことによって長寿を保ち、「今日の健康は夢にあらずや」と――。
形見の風景 （2001/6/25・不明・男）	旧満州国で医師として働いた父。同じ満州で、あの「8月15日」に青酸カリをあおって自決した姉。2人の思い出を中心にまとめた良質な自分史。
幻人郷 （2005/6/10・不明・男）	インターネットで自分史相談を知り、何度も通った末に完成させた。ふるさと広島の伝説をもとに夢をふくらませて完成させた劇画風のめずらしい1冊。
二人三脚 いつまでも （2001/2/1・不明・男女）	会社をリタイアした直後から、自分史相談に通いつつ夫婦でまとめ始めた。その矢先に突風のごとく襲った肺がんによる夫の死。「志よ、いつまでも……」と、妻が引き継いでまとめたドラマティックな背景を持つ。

一　自分史相談から生まれた書籍の分類

書名	発行年月日	著者名	種別	年齢	性別
夢いまだやまず	1998/8/26	大澤 今朝夫	人生記録	71	男
つぼどんの背い伸び	1998/10/26	堀田 孝夫	生活体験	66	男
平凡こそが幸せ人生	1999/6/24	出口 安治	人生記録	71	男
終わり良ければすべて良し	2000/12/23	伊藤 幸安	────	74	男
運に恵まれた男の記	2000/12	村上 好一	────	79	男
二人三脚　いつまでも	2001/2/1	奥川 悦治・正恵	────	不明	男・女
ゆずり葉の詩(うた) ──母へのレクイエム	2001/3/20	倉橋 文子	────	69	女
意志あれば成る　泰っさんの人生	2001/6/15	山田 泰良	人生記録	68	男
形見の風景	2001/6/25	中村 光雄	人生記録	不明	男
夢を描きつづけて悔いなし	2001/10/30	伊藤 務	人生記録	83	男
笹の音	2002/5	伊藤 三枝子	エッセイ	63	女
人生まだまだこれからだ	2005/6	中川 弘二	その他	65	男
かく生きてあり　金ちゃん春秋記	2002/8/1	平鍋 金一	人生記録	63	男
夢にあらずや ──二人で築いた七十年	2002/9/15	平野 富證・四季子	人生記録	93	男・女
思い出繚乱	2002/9/30	竹内 文代	────	83	女
コメットの瞬き ──娘・理沙にささげる	2002/11/19	安藤 敦子	その他	46	女
道なき道を──自分史	2003/6/20	杉浦 武子	人生記録	82	女
自分史は夢の玉手箱	2003/8/8	会津 清子	人生記録	不明	女
朝顔の音	2003/11/3	中村 光雄	人生記録	不明	男
昭和まんだら──自分史	2003/11/30	奥田 敏雄	人生記録	80代	男
紫陽花色の日々──自分史	2003/12/20	金原 マサ子	その他	77	女
心かがやいて ──明るいお母さんが好き!	2004/2/21	巻田 かをる	エッセイ	43	女
私は負けない──ちちんぷいぷい	2004/6/30	山下 勝子	人生記録	66	女
しょわっこ──青少年期	2004/8/30	根橋 章	────	不明	男
氷塵──二等兵のシベリア抑留記	2004/11/3	神戸 孝允	戦争体験	79	男
鵜に導かれて	2004/12/25	松井 かね子	生活体験	76	女
何してるの、早くしなさい ──家族の風景	2005/2/25	加藤 みゆき	人生記録	不明	女
幻人郷	2005/6/10	小原 文夫	その他	不明	男
人みな師	2005/9/1	山口 雅史	その他	64	男
いちにっさん! いちにっさん!	2005/12/20	小林 征子	その他	68	女
Mさんと私──幻の満州国での 青春、そして──	2005/12/23	遠藤 毅	人生記録	76	男
50年目のラブレター	2006/7/20	伊藤 千代子	エッセイ	65	女
偽隠居の昭和恋々	2006/9/6	由里 利信	人生記録	80	男
おおしゃ〜天才じゃあねえで…!	2006/11/3	都築 勝宣	エッセイ	65	男

⑤自分史シンポジウム

毎年、「地域文化に根づいた自分史活動」、「日々の生活の中から生まれるメッセージ」、「言花」などをテーマに回を重ねている。

⑥作品公募

広く自分史発表の機会を設けるため一般から作品を募り、作品集を制作している。「イラスト自分史」の公募では、地元企業の協力を得て、応募作品を絵本にした。年々応募者は増え、2006（平成18）年度は、10代から90代まで300編近い作品が集まった。作品集掲載作品の選出にあたっては、複数の視点から審査を行うために自分史相談員、学識者、シナリオライターなどが関わり、出版社からの商業出版を実現した。

⑦企画展示

膨大な数の自分史が蒐集されているが、スペースの関係上、開架書棚に並べられる自分史は、その6分の1程度でしかない。そこで、テーマに合わせた自分史の特集展示を行っている。前述の「平和への祈り」のほか、「父と私」（偉人でも成功者でもない父親が人生に大きな影響を与えていることが多いことから）、「愛する家族へ」（優れた自分史作品には家族との関わりがくっきりと浮きでていることが多いことから）等を行っている。

『平和への祈り』制作の他にも、以前から「何かしたい」という思いを持っていた市民たちが動きだしている。例えば、サークルで自主的にボランティア協力者を集め、個々人の都合のよい

サークルの勉強会

シンポジウムでは討論会が催される

日程で日本自分史センターに書架整理や入力作業に訪れるほか、現役時代の特技を活かしてインターネット公開用検索システムづくりが行われるなど、市民と協働する施設運営に一歩近づいている。

自分史が持つ可能性

今後の方向性と課題

以上のように、日本自分史センターを交流拠点として、自分史の歩みは完全に定着し、さらにその裾野を広げつつあるといえる。

今後、さらなる充実と発展を図るべく、地域で自分史の成果を共有し合うことが必要だ。そのためには、自分史活動を行っている市民が、世代的・地域的広がりを持って、より主体的に活動に関わっていく環境づくりが課題となってくる。

それは、例えば行政において、まちづくりに自分史を活かすという明確な方針を持つだけでなく、その具体的な促進プランを打ちだすことである。サークル、印刷会社、書店などにおいては、楽しみや利益を得るためだけではなく、それぞれが持つ資源を提供し合い、より創造的な活動を行っていくことである。

また、団塊の世代が多く、高齢化が進む市の東部丘陵地帯を中心に開発されたニュータウン居住者や、知的欲求が高くさまざまな専門分野を持つ市民の潜在的な力をいかに取り込むかが課題になる。

長期的には、「自分史」の他に市が掲げている「書」というもうひとつの大きな文化テーマ性を「自分史」に関連させ、いかに地域固有の文化を創造していくかが、春日井市の文化的アイデンティティ醸成のポイントになるのではないだろうか。そのためには、市民、財団、行政、企業などの地域を構成する主体がそれぞれに地域の文化資源を深く理解していくことが必要であろう。

団塊の世代と自分史

6000冊を越える自分史の中で、いちばん多いテーマは「戦争体験」である。戦時中の記録を残したいという強い思いを抱く世代は、かなりの高齢となったため、最近は寄贈される自分史作品に明らかな変化がみてとれる。

増えているのは、職業や家族も含めた半生記や海外旅行雑記である。自分史執筆中心層の60代にとっては、海外旅行が非日常体験であるからだと思われる。また、50代女性を中心に、生活記録的な作品や家族史も増えつつある。

財団では次なる担い手の世代育成対策のひとつとして、団塊の世代対象の「まだまだこれから世代のこだわり文章講座」や、定年後の会社員が書いた自分史をテキストに、大学生等に社会経験を伝える「シゴトと私」講座を新設した。

団塊世代の先輩、自主サークル「自分史友の会」の会長の大澤今朝夫（79歳）、副会長の大石洋太郎（76歳）は、まもなく第一線から退く団塊の世代との交流が楽しみだと語る。

「出身地や年齢に隔たりがあっても、お互いの作品を合評することで、生き方や考え方を理解し合うことができます。私たちにとっても勉強のチャンスです」

自分史が、地域や世代を超えた交流を育み始めている。

聴き取り自分史——自分史の新しい可能性

隣接する北名古屋市（旧、師勝町）では、回想法を認知症ケアに取り入れている。回想法とは古い生活道具などを用い、グループで語り合い、昔を思いださせて脳を活性化させる心理療法の一種である。身近な人の名前を思いだせない人が、若かりしころの武勇伝なら活き活きと喋れることは、まれな例ではない。

みずからも数冊の自分史を著したある精神科医は、次のように記している。

「認知症のお年寄りは、昔の話を何回も何回も繰り返し語り、周囲のひんしゅくを買う。（中略）しかしそれ以上に、私が自分史を書いたように、過去を見つめ直し、混沌とした現実と不安な将来を統一し、自分を確立しようという健康的な試みかもしれない」(12)

あたかもこの説に呼応するがごとく、最近、春日井市では、「自分史を書くということだけでは、内向きの活動だ。何か自分たちにできないだろうか」という声があがった。そこで、元気なリタイア層を中心にした有志が、市内の介護サービスセンターに数回通い、お年寄りに自由に人生を語ってもらったものを自分史に書き起こすという取り組みを始めた。サークルの例会で、人の経験談をじっくりと聴き、みずからの文章の合評を受けるという体験を積み重ねてこそ、可能な試みである。

「聴き取り自分史」では、どこで育ったか、親の職業、伴侶との出会い、子ども、趣味など、語りたいことを詳細に語ってもらい、「人生の記録」にまとめている。自己の物語を紡ぎだす行為は、年齢を問わない。ひとりのお年寄りに複数の聴き取り者がいるため、同じ聴き取りからでも、まとめる人の感性によって、異なる物語が生まれる。「聴き取り自分史」は、リボンとカバーがついた手づくり冊子に仕上げられ、クリスマスには、お年寄りやその家族、サービスセンターの職員にプレゼントされた。みずからの「語り」が活字の「自分史」にまとめられた冊子を手にしたお年寄りには、顔をポッと赤らめたり、あらためて熱心に読み返したりと、明らかな「積極性」がみられた。

介護者や若者は、とかくお年寄りの現在の姿しかみないが、「聴き取り自分史」を介護の方やお孫さんが読むことによって、高齢者がたどってきた物語に耳を傾け、過去も含めた豊かな人物像としてとらえることができるようになる。それが、親密な関係やきめ細やかなケアにつながっていけばと期待されるところである。

また、「闘病自分史」や「介護自分史」など、このような経験をつづった自分史は、貴重な経験を共有することになり、意義深いのではないだろうか。

新興都市における自分史の可能性

豊田市の「豊田高年大学」では、年間30回の講座のうち、7回分が「自分史/自分を再発見!」である。藤沢周平や司馬遼太郎の自伝的作品の紹介に始まり、若かりしころの流行歌や映画の話など、グループで話をしながら生きてきた時代を振り返るというもの。受講生の声に後押しされて年々コマ数が増え、いまや講座の柱となっている(13)。

鈴鹿市のベッドタウン地域、鼓ヶ浦公民館の日置裕美は、「公民館は生涯学習事業を通じて、地域の活性化をうながす役割があるが、カルチャーセンターと公民館の違いがなくなりつつある今、何ができるのか」と模索していたとき、地域特性の似ている春日井市の自分史活動のことを知り、「ずっと探していた『何か』は、これだと直感した」という。「新しい公民館のあり方が問われる時期だからこそ、自分史講座が地域に変化をもたらす材料になるのでは?」と期待し、講座を企画したところ、講座をきっかけに継続活動が始まった。

自分史は地域社会の文化財

連綿と受け継がれた歴史が濃く残るまち、濃密な人間関係のうえにまちづくりが展開されるまちは、明確な文化資源を有し、まちづくりのテーマに事欠かない。あるいは、潤沢な資金を投入し、現代アートやクラシックなどで創造的な価値を生みだしている文化先進都市の話題には事欠

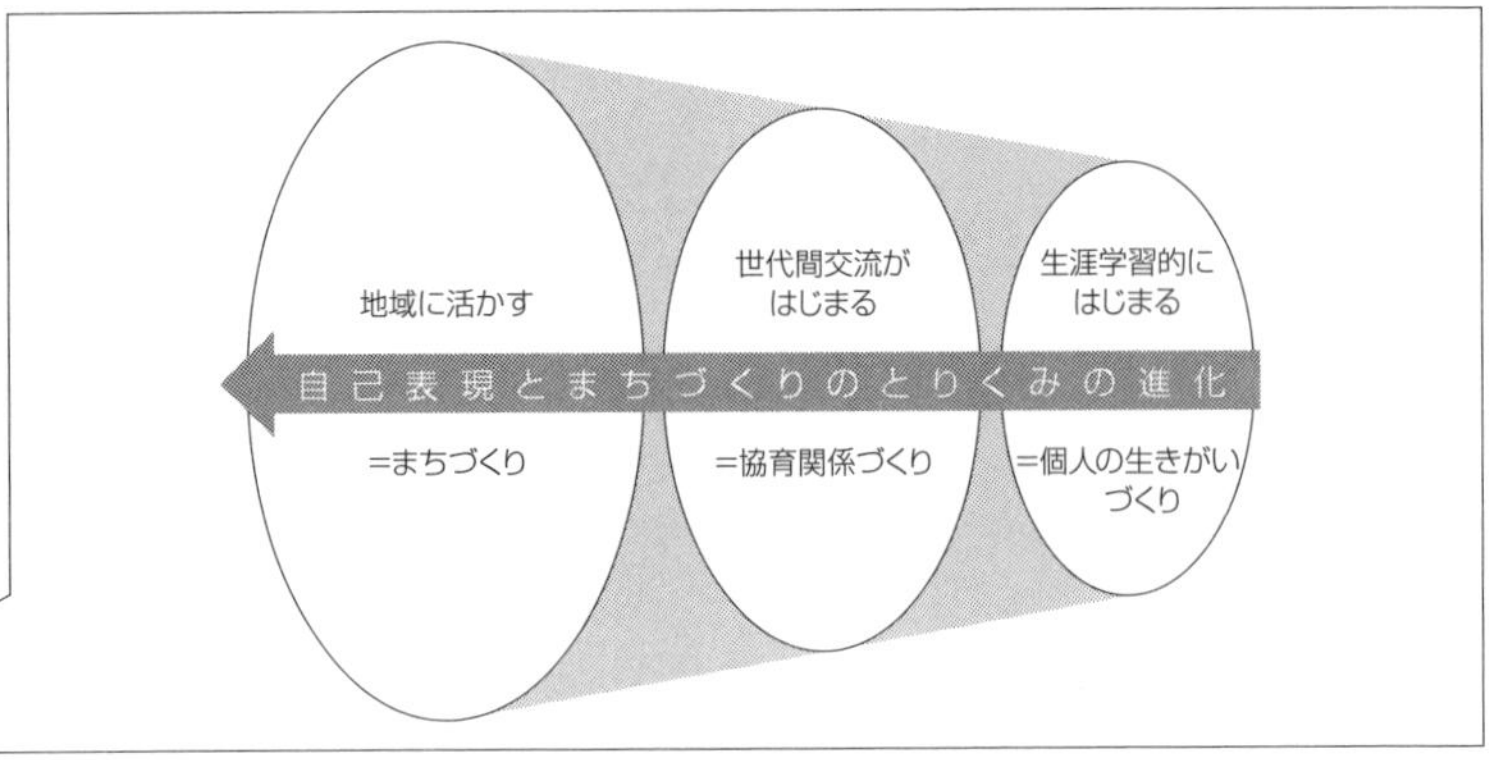

一　自己表現とまちづくり（概念）

かない。だが、多くの新興都市では、まちを大きくする途中で歴史性や地域性を薄れさせ、半ば諦めを込めて、「文化はここでは育たない」という常套句が使われてきた。そのような地方都市こそ、実は文化による都市アイデンティティの形成、社会関係資本づくりをより積極的に行う必要がある。

　高蔵寺ニュータウンを筆頭に、市の東部を占める住宅開発地区を抱えるベッドタウン春日井市を事例として、伝統的なコミュニティ居住者とは異なり、地域共通の思い入れで成立している祭りなどには馴染めない都会的な感覚を持つ「新住民」たちに、知的刺激と交流を特徴とする文化活動が、まちと人の交流を生んでいくこと、そして彼らに潜在する豊かな経験を顕在化し共有する可能性、さらに「自分史は地域社会の文化財であること」を論考した。

　文化施設は、単なる「芸術文化を提供する施設」ではなく、「芸術文化を媒体として人とまちをつなぐ場」となる希望を託し、筆を取った。自分史を手がける人たちの広がりが、今後とも大きくなることを願ってやまない。（文中敬称略）

（1）第6回自分史シンポジウム「サークル活動で広がる新たな世界」より。
（2）『コレクション 鶴見和子曼荼羅Ⅱ 人の巻――日本人のライフ・ストーリー』鶴見和子、藤原書店、1998年、600～606ページ。
（3）『私たちの中にある物語――人生のストーリーを書く意義と方法』ロバート・アトキソン、ミネルヴァ書房、2006年。
（4）オンデマンド出版。自分史の主流である自費出版で、手づくり製本に次ぐ第3の選択肢としても注目される。
（5）第6回日本自費出版文化賞「個人誌」部門賞。
（6）第5回自分史シンポジウム（2003年12月6日）「日々の生活の中から生まれるメッセージ」より。
（7）選考条件は「岩切氏の観光哲学に共通する理念で、地域の資源や魅力などを活用しながら、観光振興や文化の高揚、地域おこし、自然保護など、広い意味で観光振興に功績のある個人や団体」であり「常在観光」とも通じる観光観である。
（8）『現代のエスプリ』338号、至文堂、1995年9月、53ページ、瀬沼克彰「生涯学習としての自分史」。
（9）2006年11月インタビュー。
（10）『まちづくりオーラル・ヒストリー――「役に立つ過去」を活かし、「懐かしい未来」を描く』後藤春彦他、水曜社、2005年、23ページ。同著に、住民のまちづくり参画の方法として、方法論とケーススタディが紹介されている。
（11）『平和への祈り』あとがきより。
（12）『personal Publishing』5号、NPO法人日本自費出版ネットワーク、2005年10月、2ページ、日下部康明「認知症療法にも活用 自費出版 私の事情」。
（13）いきいき生活学科への入学者39名、平均年齢66歳（2005年度）。

第3章 文化資源を活かした地域教育とまちづくり

―― 津田敏之

米原市番場のまちづくり

自治会のまちづくり連携が掘り起こす地域の歴史

「あっ、見えた。煙が上がったぞ！」

「あそこが佐和山城や」

毎年11月23日に、中世の山城跡をのろしでつなごうという「のろし駅伝」がスタートする。ここ米原市番場の鎌刃《かまは》城跡には、今年も地元でまちづくりを進める「番場の歴史を知り明日を考える会」（以下、考える会）(1)のメンバーや消防団員をはじめ、この地域の明日を担うであろう子どもたち、それにイベントの評判を聞きつけてやってきた山城ファンや知人など、たくさんの参加者が集まっている。２００6年で5回目を迎えたこのイベントに毎回やってくる「のろし駅伝」の常連もいて、久しぶりの再会を喜び合ったり、鎌刃城の石垣を話のタネに自説を繰り広げたり、はたまた新たに仕入れた他の山城情報の交換に余念がない。

まちづくりのイベントは、とかく「打ち上げ花火に終わってはいけない」などと批判される。モチベーションを維持しながら、地道な活動を継続する難しさが背景にあるからだ。だが、この「のろし駅伝」は、文字どおり「打ち上げ花火」のように「のろし」を上げるイベントではありながら、その本質において一過性の単発イベントとは一線を画している。中世の山城という豊かな知識と想像力が求められるこの地域の歴史や文化について、まちづくりの活動を続けた1年間

勢いよく立ちのぼるのろし（鎌刃城跡）

の取り組みの集大成であり、山城を絆につながり合っている仲間の城跡地域とのエールの交換は、新たなまちづくりの展開に向けた貴重な経験となって蓄積されていくにちがいない。

年々賛同者を獲得し、地域的な広がりをみせる成長力を持ったこのイベントの意義を評価し、2003（平成15）年度には財団法人地域活性化センターなどの主催による第8回ふるさとイベント大賞（文化・交流部門賞）も贈られている。

どんな地域にも、その土地の歴史や文化が刻まれている。今はまだ光が当たっていなくとも、ただ、眠りから覚める日を待っているだけなのだ。のろし駅伝はその事実を如実に物語っている。

本章では、地域に眠っていた中世城跡という歴史資源に着目。研究者や歴史愛好者などの一部の人のためだけではなく、まちづくりの文脈から住民が地域に目を向けてもらう機会を提供し、将来を担う子どもたちをも巻き込んだ活動を展開する番場地区のまちづくりを事例に、地域学習とまちづくりのあり方や観光への展開について考えてみたい。

一　宿場町・番場を構成する2つの自治会

滋賀県米原市番場地区は、新幹線停車駅の米原駅から約4キロメートル東に入った山間地に位置し、かつては東山道や中山道の宿場町として栄えた。集落は旧・中山道沿いに細長くまちなみが連なり、周囲の山地部と集落東側のわずかな田んぼとを区切るように名神高速道路が並行している。

一 鎌刃城へのルート

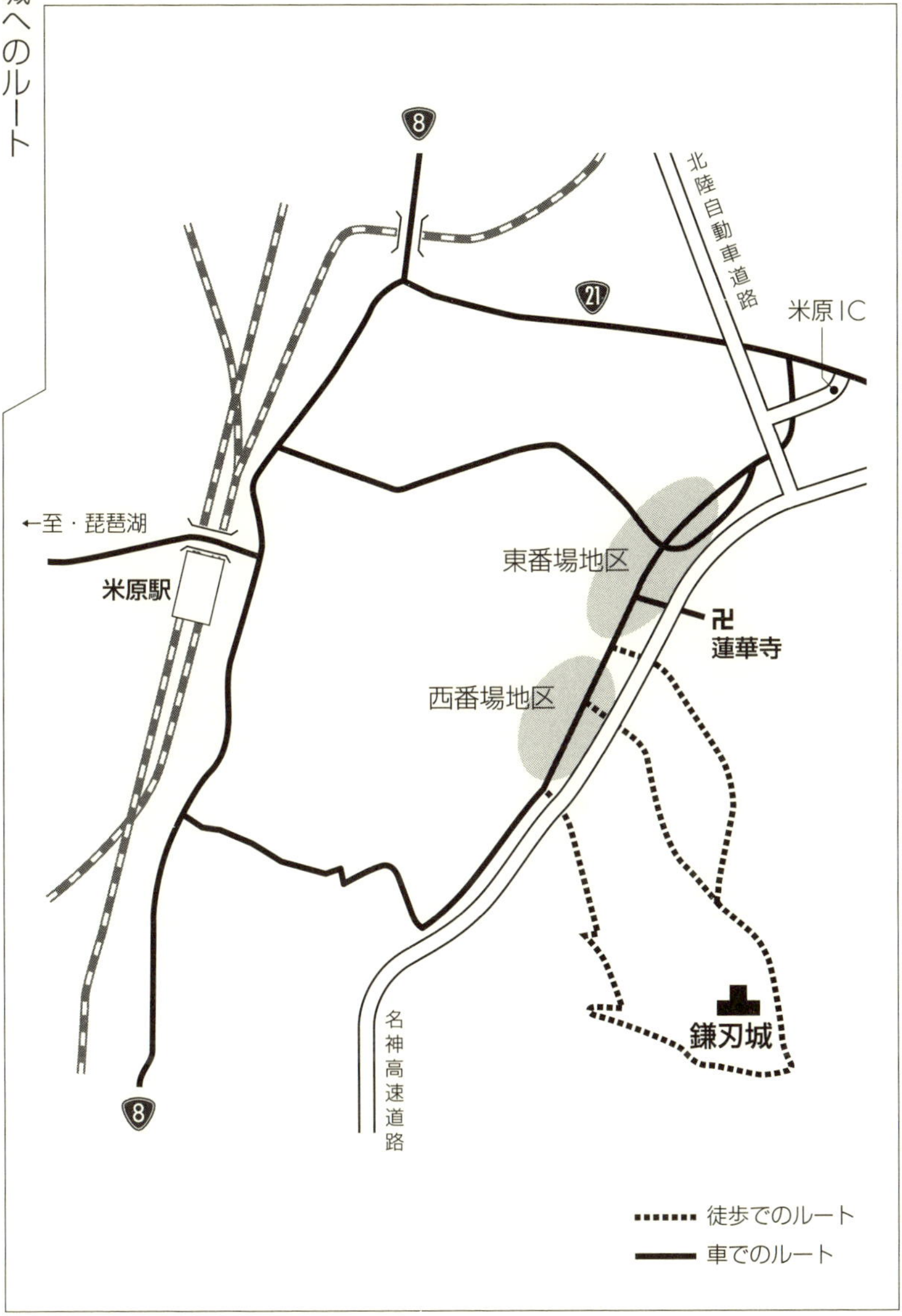
8
21
北陸自動車道路
米原IC
←至・琵琶湖
米原駅
東番場地区
卍
蓮華寺
西番場地区
鎌刃城
名神高速道路
8
徒歩でのルート
車でのルート

現在は、西番場区（約70戸）と東番場区（約90戸）の２つの自治会があるが、中世の時代には集落南方の摺針《すりはり》峠に近い西番場側に宿場があり、１９９３（平成５）年度には領主土肥氏の居館との関連を推定させる殿屋敷遺跡が集落東の田んぼから発掘されている。鎌刃城は東山道を眼下に見通せる西番場の集落から南東方向の山中に1キロメートルあまり登った位置に築かれていた。また、東番場側には古刹・蓮華寺が開かれており、鎌倉末期の六波羅探題滅亡の際には、北条仲時主従がこの寺で最期を遂げる様子が『太平記』に描かれ、４３０余名が自害したことが記された『陸波羅南北過去帳』（重要文化財）が伝わっている。江戸初期の慶長年間になり米原に湊が開かれると、北国街道米原宿へのバイパス道路が東番場側で中山道から分岐して開設され、約30年後の寛永年間に宿場も西番場から東番場に移った。西番場が「元番場」と呼ばれるのはこのためである。

このような宿場の歴史を持つ番場の住民には、自分たちの住む地域への誇りや愛着、歴史への関心を示す人が多く、２つの自治会とも滋賀県が昭和50年代から集落自治会を対象に進めてきた「草の根まちづくり」に取り組んできている。県補助金を活用し、草の根ひろばや草の根ハウスを整備し、親子の遊び場やまちづくりの活動拠点としたのをはじめ、地域に息づく歴史や文化に光を当てたり、スポーツ活動の振興に努めたりしている。

一　交流から始まったまちづくりの連携

東番場区では1987（昭和62）年に区報「ば・ばんば・ばん」を創刊し、草の根まちづくり活動に本格的に取り組み始めた。区報の編集に携わる10数名の委員は、区役員のように無差別に選挙や順番交代で選ぶのではなく、編集長を務める区報担当役員が自主的に取り組んでもらえそうな人を一人ひとり口説いて回った。

区報には毎月の行事だけでなく、地域の歴史や文化、区民の声など、区内のさまざまな話題を伝えた。編集委員が考案した人気のシリーズには、「ばんば風土記」、「番場今昔」、「蓮華寺を読む」といった歴史物や、「草・花・暦」、「すこやかだクッキング」、「わが家のペット」といった多彩なものがある。その年の年男・年女や新成人、新入学の1年生には、該当月に抱負を書いてもらった。「家庭の幸せは健康から。健康第一に今年もがんばりたい」とか「今までは何かと親に頼ってきたけれど、これからは自分に責任を持って行動していきたい」といったメッセージが紙面に踊っている。

また、編集委員は区報の編集にとどまらず、まちづくり先進地を訪れては報告を掲載したり、蓮華寺の桜とムラサキツツジを同時に楽しむ「持ち寄り花見」、東西番場の寺社6カ所を巡る「初参りウォークラリー」を始めるなど、自分たちでネタづくりも行い、まちづくり活動の推進役を果たした(2)。

なかでも、1989（昭和64）年元旦に始まったウォークラリーは、両番場区内を巡り、大人も子どもも新春のあいさつを交わすことで、東西番場の交流を促進することになった。まちづくり活動をお互いに刺激し合うことが、やがて新たなステップを開くことにつながっていく。

一「番場の歴史を知り明日を考える会」誕生

西番場区の泉峰一、酒井進の2人は同じ年に、中学校のPTA役員となった。若者の流出による高齢化、少子化が進む現実。自分たちの小中学校時代に比べれば、児童生徒の数はあまりに少ない。2人は地域の現状を憂い、ムラの行く末に危機感を感じ、地域活性化に向けた行動の必要性を語り合った。まちづくりのための団体を立ち上げるため、名称、趣旨、行動計画などを練り、他の役員2人を加えた4人で1992(平成4)年5月4日、考える会を発足させた。

考える会は鎌刃城跡に関わる活動が注目されているが、決して歴史の愛好会というのではない。会の活動内容には、①ムラの発展のための政策の提言および実践、②区民への村づくり情報の提供(機関誌の発行)、③子どもの育成に対する提言と実践、④上記目的達成のための研修、調査、研究を掲げている。考える会はまちづくり組織であることがおわかりいただけると思う。

番場の将来展望を探るため「どこから始めるか」となったときに、まず地域の歴史を知ることから始めたのであり、この姿勢は「温故知新」から採った会の名前からも容易に知ることができる。4人で始めた会も翌年には10数名に増え、本格的な活動へ広がっていった。番場に伝わるいわれのある場所を見て回ったり、発掘調査(1991~2年)が行われた「番場殿屋敷遺跡」や

「織田信長と鎌刃城」、「中山道と番場」などをテーマに区民に呼びかけ、歴史学習会を開催し、鎌刃城への親子ハイキングなども行った。

東番場とのまちづくりの交流が進むなか、東番場区民も学習会やハイキングに参加するようになった。会の発足から4、5年後には、会員の輪はまちづくり活動に注力する東番場区民有志にも広がっていった。

一 文化財指定につながった鎌刃城の学習

番場の集落南方には山林が広がり、霊仙山や鈴鹿山脈へつながっている。考える会会長の泉も先祖伝来の山林を引き継いだが、会の活動に取り組むことから「この辺りに、昔は山城があったんや」(3)という父親の言葉を思いだした。考える会では中世の山城「鎌刃城」を当面の活動の核に据え、学習や調査を繰り返し行った。

活動の始まった1992〜3年度には、「織田信長と鎌刃城」、「土肥氏と鎌刃城築城」、「城主堀氏滅亡と鎌刃廃城」など、さまざまな角度から戦国時代における鎌刃城の役割を学習した。また、その後も城跡の踏査やハイキングコースの整備、案内塔の設置、下草刈りや階段づくり、学習会や調査結果をまとめた資料集の発行、青龍の滝の「水の手」測量調査など、5年ほどの間によくぞこれだけと思うほど、多方面にわたる活動が展開された。

考える会の活動は米原町教育委員会(4)の文化財担当者とも連絡を取り合い、助言や協力を得ながら行われた。偶然がもたらした幸運というほかはないが、担当者は中世城郭の専門家で、滋賀県教育委員会が１９８２（昭和57）年から10年をかけて実施した滋賀県中世城館分布調査にも関わっている。鎌刃城をはじめ、町内20カ所の城館も調査した。

鎌刃城の学習を積み重ねた考える会のメンバーは、文献解読や現地踏査によって歴史的な価値を実感するとともに、発掘調査の必要性を痛感した。広報『アジサイ』を創刊して活動の成果を区民と共有するとともに、町教委による鎌刃城の本格的な調査に向けて協力体制をとった。鎌刃城跡一帯の山林所有者は、西番場区民はもちろんだが東番場区民も含まれており、考える会の会員にも地権者が多くいた。考える会が仲介役になって所有者の承諾を取りつけ、鎌刃城跡は１９９７（平成９）年５月、米原町の文化財として史跡に指定された。

一　発掘調査を呼び込んだ地域史の掘り起こし

鎌刃城跡は現存する何本もの堀切や連続竪堀群、石垣、桝形虎口など、「地表面から観察するだけでも戦国時代の山城を語るには十分な遺構を残していた」(5)。町の史跡の指定にあたっては、遺構の残存状況や、規模においても湖北地方では浅井氏の居城であった小谷城跡に次いでおり、湖北の戦国史を考えるうえで重要な城跡であることが評価された。

町の史跡指定を記念して、翌月には番場の蓮華寺本堂を会場に「番場鎌刃城——戦国の近江を探る」と題した歴史講演会が町教委によって開催された。この鎌刃城を正面に据えた講演会には本堂を埋め尽くす観衆が集まり、これを契機に町教委では翌年から5年間にわたる発掘調査の道を開いた。

文化財行政は専門的で保護に重きが置かれ、住民の身近なものになりにくいという声も聞かれる。だが、発掘調査に至るまでの経過を振り返ると、ここでは住民同士、あるいは行政と住民との学び合いや協働の姿がまちづくり活動の文脈において機能しており、区民の危機感から始まった地域の歴史資源の掘り起こしが、鎌刃城の文化的価値の再評価に結実していったことを読み取ることができる。

考える会の結成は、会員による自主的な活動を核に、他の区民にも広く参加・参画を呼びかけることで、自主的で継続性のあるまちづくり活動への参加の機会を提供した。従来の自治会主体・全員参加が基本のまちづくりでは限界のあった活動テーマの絞り込み、活動の継続性から得られるノウハウの蓄積、「この指とまれ」感覚による参加の容易性、地域外との交流による活動の広がりなどからわかるように、一方では活動の専門性を高めながら、他方ではだれでも気軽に参加できる催しを心がけたことが成功の要因といえよう。

長い間山中に眠っていた城跡に光を当てる活動は、文化的価値を潜在的に有していたとしても、町教委だけの力で一朝一夕にできるわけではあるまい。地域の熱意と文化財担当者との地道な協働の取り組みが地域の人々を動かし、文化財指定から発掘調査への道を開いたことは大いに評価できる。この関係は、その後の発掘調査に際してもさまざまな場面で活かされていくことになる。

中世の貴重な遺構「鎌刃城跡」

区民の手による発掘作業から「のろし駅伝」へ

滋賀県には１３００もの城館跡が確認されており、その数は全国でも屈指のものだという。大半は天守閣もなく、石垣もない「土づくりの城」であり、それが安土城以前の中世城郭の常識であった(6)。だが、米原町教育委員会が１９９８（平成10）年から5カ年をかけて実施した発掘調査によって、安土城以降といわれていた高石垣による築城方法が用いられるなど、鎌刃城跡からはこれまで考えられていた中世城郭の常識を覆すような調査結果が得られたのである。

この調査では城の北側に位置する曲輪《くるわ》とみられる場所を調査したところ、石垣によって築かれた城門や半地下式の礎石建物も発見され、調査は初年度から大きな成果があった。翌年度には礎石建物へ出入りするための通路が発見されたり、鉄釘が２００本以上も出土したことから、礎石建物は地下室を持ち、床板張りの立派な建物だったことなどがわかった。また、石垣は高さ３～４メートルも積み上げた高石垣であったこともわかり、通路などを埋めていた石材の出土状況は高石垣を崩したものと考えられ、城の建物や石垣を破壊する「破城」が確認されたのも貴重な成果だという(7)。

調査にあたっては、町文化財指定の際に「戦国期の近畿の山城」と題した記念講演を行った大阪大学名誉教授・村田修三委員長を代表とする「米原町指定史跡鎌刃城跡調査整備委員会」が中

鎌刃城跡主郭虎口一帯で見つかった石垣と石段
(写真提供：米原市教育委員会)

一　鎌刃城跡遺構

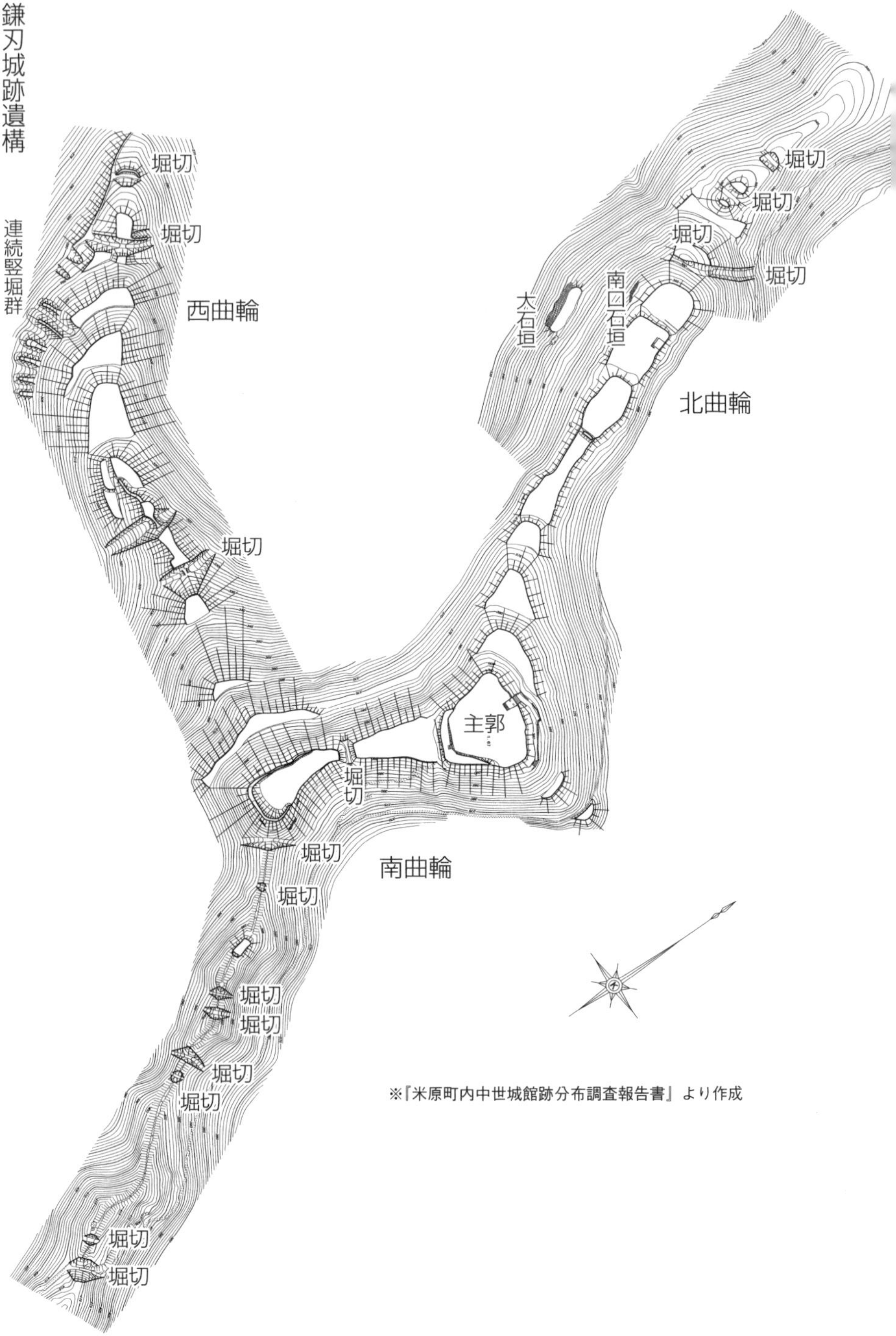

※『米原町内中世城館跡分布調査報告書』より作成

世城郭の専門家と地元番場区の代表者を委員に組織され、調査情報を共有しながら発掘が実施されることになった。

発掘調査に際しても、考える会の会員をはじめとする区民が積極的に作業に従事するなど、まちづくり活動の取り組みを通じて培われた町と地元との協力関係が活かされた。教育委員会も述べているとおり「正に自分たちの住む郷土の歴史を自分たちの手によって掘り起こし」(8)たわけで、次々と明らかになる新事実に区民の関心は高まった。また、新聞報道等により地域外からも大きな注目を浴びるようになり、鎌刃城跡への来訪者も次第に増えていった。

一　発掘調査から得られた数々の成果(9)

5年間の調査によって、鎌刃城跡からは想像を超える石垣が出土した。使われた石は石灰岩が多用されており、同じ尾根筋に石灰岩が露頭している場所があるところから、近辺から切りだされたものだろうと推測されている。

城の中心部である主郭部（2000~2年調査）は、発掘前から南東隅に数段の石垣が露頭していたが、発掘の結果、主郭周囲4面とも高石垣が築かれていたことがわかった。主郭南面には空堀が掘られ、土塁と思われていた南面の主郭内側には石塁（石築地）が築かれていた。さらに、主郭南側に位置する副郭の堀切部も石垣となっていた。

主郭北側には虎口が設けられ、方形の枡形には4本柱の薬医門があったことが礎石からうかがえる。虎口からどのように主郭に至ったのか、発掘を順に進めると、行く手を阻む高石垣や石段、通路が次々に現れた。また、城の北端にあたる曲輪からは、前述のとおり地下式建物の遺構などが検出された。この建物は土塁上まで及んでいたとすると、7×8間の巨大な櫓《やぐら》が山上から威圧するようにそびえていたわけで、堂々たる城構えである。主郭南端に建物の礎石も出土していることから、主郭には御殿が建てられ、出土した陶磁器などから居住の痕跡を読み取ることができるという。

これだけ大量の石垣がありながら、今まで発見されなかったのは、破城によって石垣が壊され、その上に土が堆積していたためである。今回の調査では、石垣をほぼ垂直に重ねる積み方や間詰石の代わりに粘土を使っていることなど、石垣技術についても安土城とは異なるやり方によっていることなどもわかった(10)。

一連の発掘成果によって、鎌刃城跡は2002(平成14)年3月には滋賀県史跡に指定されたが、これらの成果は、トレンチ掘りによる最小限の発掘結果がもたらしたものにすぎない。今回の調査では、主郭から西側に延び、連続竪堀群がある区域の調査は行われていない。2005(平成17)年3月には国史跡に指定されたが、主郭の全体像や副郭、多数の曲輪など、今後さらなる発掘が行われれば、新たな発掘成果が得られるのは明らかであろう。

一番場区民の協力で進められた発掘調査

鎌刃城跡は人里離れた、標高384メートルの山頂にある。発掘作業は毎年夏場に実施されたが、作業現場へは1・2キロメートルもの急な山道で、往復に時間もかかる。それに山中のため、大型機械を使った掘削は行えない。手作業による発掘は根気と体力の要る作業だが、考える会と町教委の連携を続けてきた中から、「鎌刃城を地元番場の人たちで発掘できないだろうか」というアイデアが出てきた。

番場の人たちが発掘作業に接するのは初めてではない。集落東方の西番場地区団体営ほ場整備に伴う殿屋敷遺跡の事前調査が1993（平成5）年度に実施されたが、経験豊かな町内他地域在住の発掘作業員たちが遺構や遺物を手際よく掘り進めていく様子を見守ったり、現地説明会に足を運んでわがムラの歴史に思いをめぐらせたりした人も多い。とりわけ、考える会のメンバーは地元で行われる発掘作業に熱い視線を送っていた。

通常の開発事業を前提とした事前の発掘調査の場合、どうしても時間との戦いになるため、熟練の発掘作業員の存在が欠かせない。だが、鎌刃城跡の発掘は学術目的の調査であるため、時間にはそれほど追われなくて済む。地元の人々が発掘作業に携わるためには、作業の手順や技術を一から覚えてもらう必要があるため、文化財担当の技師にかかる負担も大きくなるが、鎌刃城跡は町教委と地元区民との協働で発掘を進めることが決まった。

呼びかけの結果、発掘作業員は考える会の会員や区民など、すべて地元で確保することができ、出役のローテーションを組んで毎日4〜5人ずつが作業に従事した。また、発掘時期は学校の夏休み期間にあたることから、子どもたちを対象にした発掘体験の機会も設けた。大人も子どもも、番場区民が鎌刃城の掘り起こしにあたったのである。

一 地域文化資源としての鎌刃城の意義

鎌刃城は戦国時代、近江を江南と江北に二分する国境の城に位置しており、江南の佐々木六角氏と江北の京極氏、さらには浅井氏との間での攻防の度に史料に登場する。1472（文明4）年の史料からは、城主が堀氏で六角方についていたことがわかる。また、1535（天文4）年や1538（天文7）年には京極方についており、同年6月には六角方に攻め落とされている。1551（天文20）年には六角方から浅井方、あるいは京極方についているようで、1559（永禄2）年には浅井方となっている(1)。

このように鎌刃城は、江南と江北の境目の城として戦いの場となった。そして、これらの史料を学ぶことは、この城の攻防の歴史だけにとどまらず、戦いの度に困窮を極めたであろう地域の歴史に思いを馳せることになり、鎌刃城の歴史を知ることから当時の地域や先人たちの姿が浮かび上がってくるわけだ。

しかも、鎌刃城跡の発掘調査による成果は、さらに多くの地域の歴史や文化を私たちに物語ってくれる。発掘の結果、大量の石垣や安土城とは違った系譜の石垣技術が認められたことは、技術者集団の存在や交流を示すものであり、城の縄張りからは防御性とともに儀礼性、形式性を重んじた当時の人々の築城の思想が感じられる。

また、遺構からは青磁、白磁、瀬戸美濃の天目茶碗や皿、備前や常滑の大甕《おおがめ》、土師器の灯明皿、すり鉢、碁石、漆器椀なども出土しており、居住空間としての鎌刃城の生活の様子を知る手がかりを与えてくれる。このように鎌刃城跡は、地域の文化資源を包蔵する貴重な遺構であり、鎌刃城に関する知識をもとに現地に立つことで、この地域の歴史を体感し、想像力を働かせたより深い理解と洞察が可能になるのである。

一　まちづくり活動の展開が生んだ「のろし駅伝」

考える会の活動は、発掘作業中もいろいろなかたちで継続された。発掘の指導助言を得るため組織された米原町指定史跡鎌刃城跡調査整備委員会にも、泉会長や酒井事務局長が名を連ねている。１９９８年度の調査で、北側の曲輪の虎口部分を発掘したところ、東西６・４メートル、南北５・６メートル規模の枡形虎口が確かめられた。委員会での議論を経て翌年度、虎口を復元することになったが、この整備も考える会が協力して行われている。

２００１（平成13）年10月には、かつて青龍の滝から城内に水を引き込んでいた「水の手」の復元を試みた。考える会では１９９６（平成８）年に水の手の測量調査を行っているが、このときの調査をもとに企画した「中世の山城跡から琵琶湖と水を考える」と題した水の手復元事業が、湖国21世紀記念事業に採択された。このイベントは、青龍の滝から鎌刃城北側の曲輪まで約500メートルの間をパイプでつなぎ、高低差による流れで通水しようというもので、一列に並んだ200人の参加者がパイプや竹をつないで、滝からの水が流れることが見事に実証された。北の曲輪に用意した水甕に勢いよく水が流れ落ちると、周りの人々から大きな拍手が上がった。

また1999（平成11）年秋には、考える会の呼びかけに応じ、県内外の城跡を活かしたまちづくりに取り組む団体が県内外から蓮華寺に集い、「山城とまちづくり」をテーマに「近江山城サミット」を開催した。サミットでは調査中の鎌刃城跡の最新情報を報告するとともに、小谷城、目賀田城、大光寺城（以上、滋賀県）(12)、妻木城（岐阜県）の各城跡を活かしたまちづくりが報告された。

「山城をのろしでつないで、琵琶湖1周できないだろうか」

そんなアイデアも、山城をテーマに活動を続ける団体との交流から生まれてきた。県史跡に指定された2002（平成14）年には、5カ年の発掘調査も終了した。また、北曲輪に続き、主郭の虎口も復元整備ができた。これを機会にもっと多くの人に、鎌刃城をはじめ各山城を訪れてもらいたい。考える会では「近江中世山城琵琶湖1周のろし駅伝事業」として企画をまとめ、県内の城郭保存団体にイベントへの参加を依頼して回った。

一 鎌刃城跡から「のろし駅伝」でまちづくりを発信

考える会の呼びかけに応えた17カ所の城跡を結んで、第1回のろし駅伝は2002（平成14）年11月23日に実施された。午前10時、米原駅東側の太尾山城の山頂からのろしが上がると、「琵琶湖1周のろし駅伝」のスタートだ。鎌刃城や佐和山城などを経て時計回りに琵琶湖の周囲を巡り、清水山城など琵琶湖対岸の湖西の山城をのろしの合図でつなぎながら湖北の小谷山城、上平寺城など、2時間かけて最終の八講師城（旧、山東町）まで1周し、イベントは成功のうちに終わった。

翌年度は開催に先立ち、10月に近江中世城跡保存団体連絡会（通称「近江のろしの会」）が設立され、のろし駅伝の輪がしっかりと築かれた。この会は、

「城跡、里山を中心にまちづくりに取り組む団体、個人が手を結び情報を交換することにより、城跡や里山を守ることで、近江文化の継承と琵琶湖の自然環境の保全に寄与することを目的とする」（規約第3条）

とあるように、中世の城跡という歴史文化にとどまらず、城を取り巻く里山などの自然環境の保全にも目を向けている。その目的を遂行するために行うのが、毎年11月23日に実施するのろし駅伝であり、地域同士の情報交換とアピールの場なのである。

第2回（2003年）には参加地域が24カ所に増え、10時に一斉にのろしを上げたあと、10時15分に国史跡に指定された弥高寺跡（上平寺城跡）をスタート。5分刻みでのろしをリレーして

一 第5回のろし駅伝のルート

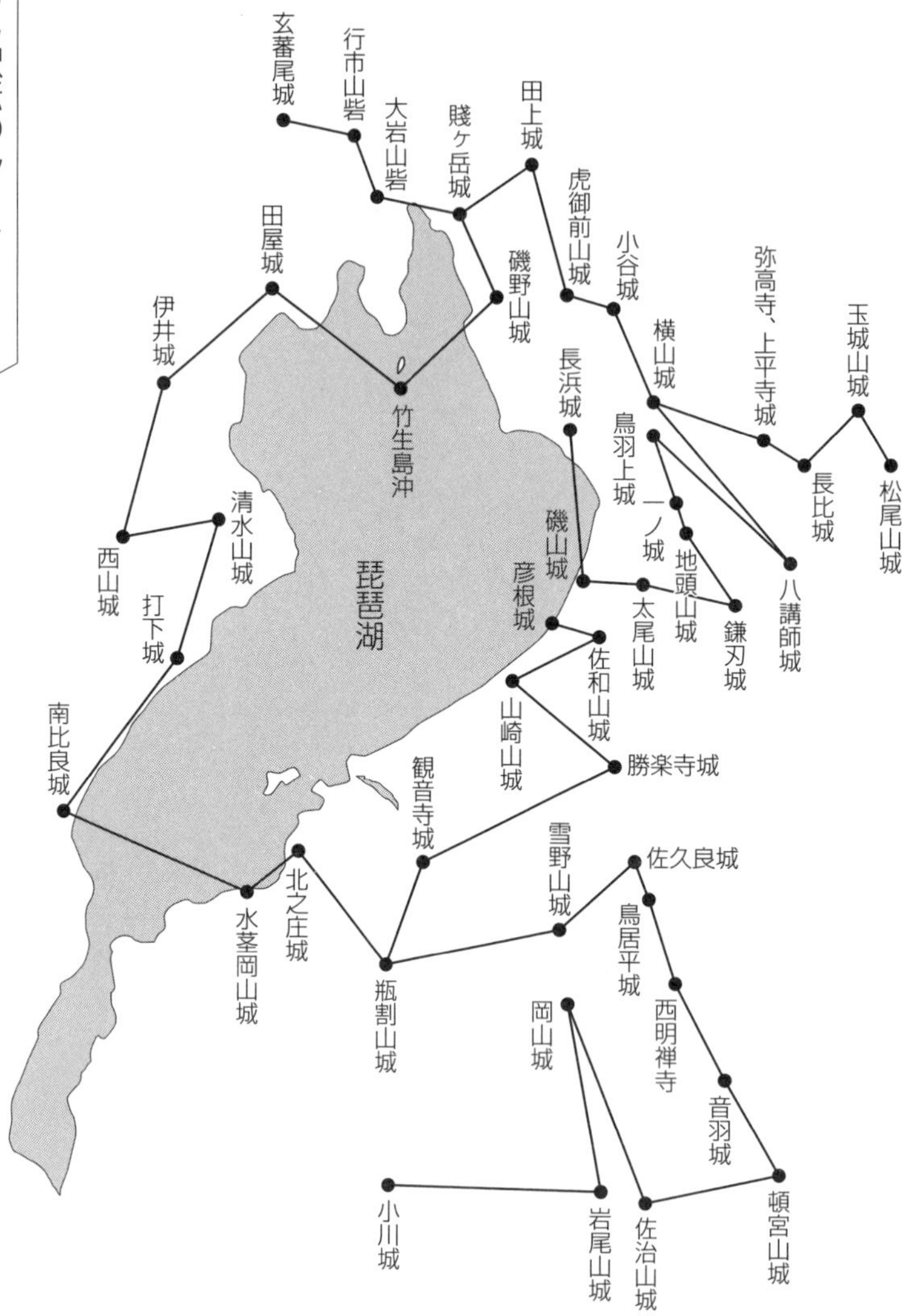

※第5回のろし駅伝のチラシより作成

2時間かけてゴールの八講師城までつないだ。各城跡ではハイキングを兼ねて来訪する参加者のために思い思いのイベントが開催された。鎌刃城では「石垣団子」のサービスで総石垣造りの城跡をアピールし、八講師城では城跡で林業塾も開催、竹生島沖では湖上タクシーを出し、のろしリレーの輪に加わった。

その後ものろし駅伝の輪は拡大を続けており、第3回（2004年）には伊香郡や甲賀市にも広がり30カ所、第4回（2005年）は岐阜県関ヶ原町の2カ所を含めて38カ所、第5回（2006年）は45カ所を4分刻みでリレーすることになり、「いずれは鎌倉までつなごう」という夢も現実味を帯びてきている。

文化資源を磨く人たち

地域学習をまちづくりに活かすには

ここまでみてきたように、鎌刃城を軸にした番場のまちづくりが着実に積み上げられてきたことがわかる。その歩みがあればこそ、山城によるまちづくりのネットワークを具現化した「のろし駅伝」が生まれたのであり、このイベントを支える地域のまちづくり活動は、20年前から番場の2つの自治会が交流と競い合いの中で切磋琢磨し、共通のテーマのもとに協力し合いながら今日まで続けられている。

まちづくり活動をリードした人物は、東番場区では区民の中からの「一本釣り」で、この人なら地域のまちづくりに熱意を持ってあたってくれるだろうと区役員から依頼を受けた区報「ば・ばんば・ばん」の編集委員たちである。西番場区ではその役割を、自発的なまちづくり組織としての考える会の会員たちが、区の自治公民館活動などと連携しながら精力的に進めてきた。

ここでもう一度、番場のまちづくり活動の歩みから鍵となる点を整理し、地域の文化資源を活かしたまちづくりの進め方について考察することにしよう。

一番場のまちづくりからみえるもの

鎌刃城跡を軸に多彩に展開された番場のまちづくりには、いくつかの重要なポイントがある。それを、①推進者、②住民の参画、③専門性の追求、④情報の受発信、⑤他地域との交流という5つのポイントについて整理しておきたい。まず、地域の人材発掘と人材育成をめぐる求心的な取り組みとして、①と②についてみてみよう。

①のまちづくりの推進者で注目したいのは、活動の推進組織である考える会のリーダーシップである。この会では、やみくもに会員を募るのではなく、会員の推薦によって新たな会員を増やすようにしている。地域密着型まちづくりを進めるためには、単に自分たちの地域を溺愛し、住民自身が地域自慢のための活動を行っているのでは不十分である。地域への愛情と好奇心を持ちつつも、地域を批判的にみながら改善への営みを続けていく力、つまり情熱と理性を合わせ持って深い関わりを続けられる力としての、いわば「地域密着力」が必要とされる。番場のケースでは、区報の編集委員会や考える会の活動が、地域文化の掘り起こしに携わる中から地域の現状を見つめ直し、まちづくりのキーパーソンになる情熱を持った人材の発掘や育成につながっている。

②の住民の参画は、地域の埋もれた人材に活躍の場を適所で用意し、地域課題の解決につなげるために欠くことのできない実践である。考える会発足の目的は、すでに記述したとおり、「ムラの発展のための政策の提言および実践」や「子どもの育成に対する提言と実践」など、地域の活性化に向けた研究や行動をとることだった。考える会ではまず、歴史ハイキングや親子ハイキ

ングなどを企画し、その後も花火を見る会、のろし駅伝など、区民が鎌刃城跡に足を運ぶ参加の機会を繰り返しつくっている。ハイキングコース整備の取り組みでは、来訪者を花で迎えるアジサイ道路整備を区民協働により実施する方向に発展している。また、水の手測量の際には、測量のノウハウを持った住民の協力を得ることによって、青龍の滝と北の曲輪との高低差を確認し、後の通水イベントへつなげている。

一　活動の積み重ねが生むまちづくりの進化

③の専門性を追求する活動状況は、左ページの図から読み取ることができるように、鎌刃城跡を活動の核に進められてきた考える会の活動内容の高度化と、それを区民に広める一般化が進んでいる。自主学習によって培われた学びの姿勢は、専門家を招いての地域教育の機会へと発展していった。地元住民による発掘作業は、土地の持つ地域教育力を享受する真骨頂の機会で、発掘に従事した住民の驚きと感動の経験は今後のまちづくり活動の礎石となって蓄積されている。第5回のろし駅伝で友人と鎌刃城跡に登ってきた地元の年配の女性は、「ここの角には石垣が下のほうまであって、こちらは堀になっていて……」と、発掘に従事したときの様子をいきいきと語っていた。みずからの体験によって山城に対する享受能力は確実に向上しており、専門知識を友人に語って聞かせ、地域への誇りと愛着を共有し合おうという協育の姿がそこにはあった。また、水の手復元イベントにおいても、滝と北の曲輪の間を人の線でつなぐ協同作業によって、専門性

考える会によるまちづくり活動の展開状況

鎌刃城跡

- 文献研究（1993～）→ 古文書塾（1997～8）
- 水の手測量（1996）→ 水源地整備（1997）→ 水の手通水実験（2001）
- 竜宮探索（1997）→ 竜宮井戸探索（2003）
- **町史跡指定（1997）→ 県史跡（2002）→ 国史跡（2005）**
- 城跡草刈り（1996）→ 発掘調査協力（1998～2002）、虎口復元整備協力（1999）
- 区報アジサイ（1997夏～）
- ハイキング（1992～）→ 花火を見る会、新春初詣（1998～）
- 近江山城サミット（1999）→ のろし駅伝（2002～）
- ハイキングコース整備（1994～）→ アジサイ道路整備（1998～）

を備えた体験的学習の喜びを多くの参加者が分かち合っている。

④の情報の受発信では、活動内容の専門性、希少性（ユニークさ）、参加可能性などから、まちづくり活動の展開が普遍的な価値を持つ新たな情報を生みだすように工夫されている。

例えば、初期の城跡ハイキングや講演会は、対象者の主眼は区民に置いたものだったが、当初から一般参加も可能なかぎり受け入れている。区民を対象にした区報についても、役場や町の中央公民館、他の自治会などへ配布されており、活動状況が緩やかに伝わっていった。また、情報発信の技術的な側面として、考える会が事務局体制を採っていることが取材や問い合わせを容易にし、マスコミへの露出を多くしている。西番場区では考える会の活動に並行して、自治公民館活動を展開していることや、事務局長が全市的な青少年育成活動に取り組んでいることなどから、多様な情報が継続的にストックされていることも強みになっていると考えられる。

交流と連携からエコミュージアムへ

最後のポイントである⑤の他地域との交流では、山城サミットの開催による他地域の山城団体との交流から、「のろし駅伝」というイベントへ進化していった。また、全国規模の山城団体組織である全国山城サミットにも鎌刃城として加盟し、情報の交換や人的ネットワークの拡大を通して新たな刺激を受け、地域文化の発見や創造へのフィードバックを図っている。

山城の歴史を掘り起こす取り組みは、城が築かれていた山の現状に必然的に目を向けさせる。植林された山上の平地にはかつて、建物の礎石が並んでいた。専門家は失われた礎石を残念がるだろうが、地元に暮らす人たちは、削平されて地肌だけになった痩せた土地に土を運び、木を植えた先祖の苦労にも思いをめぐらし、大雪で倒木が散見される山の様子に心を痛める。

八講師城のように、のろし駅伝に合わせて林業塾を開いたり、森林環境に関する講演会を開く取り組みは、そんな地域の刺激になっていくことだろう。

地域教育を通じて、自然環境や文化・歴史環境を磨く取り組みは、「国の光を観る」という本来の意味での観光にもつながっていく。滋賀県北部に点在する湖北地方一帯の文化・歴史資源をつなぐ湖北エコミュージアム推進協議会が発足されているが、鎌刃城跡は「国指定史跡鎌刃城跡を臨む中山道の宿場町・番場」として、16カ所あるサテライトのひとつになっている。金武創はまちづくりの「場」の重要性を指摘する中で、「持続可能なエコツーリズムを考慮するとき、最初にやるべきことは、地域住民が次世代に残したい自然資源や文化資源を発見し、それを継承できる仕組みを構築することであろう」[13]と述べているが、鎌刃城跡を核にした番場のまちづくりは、まさにこのしくみづくりに向けた実践とみることができる。

一 地域協育に向けたまちづくり

本章では番場地区におけるまちづくりの実践を詳しく記述し、そこから導きだしたポイントを整理することで、自治会におけるまちづくり活動、まちづくり教育への活用が図れるようにした（次ページ参照）。だが、なぜ番場のまちづくりが成功しているのだろうか。また、どこの自治会でも番場のようなまちづくりは可能なのだろうか。

地域の文化資源を活かしたまちづくりは、いわば自己実現型のまちづくりとして取り組まれる場合が多く、滋賀県では自治会における草の根まちづくり活動の推進によって、ここ20年間、さまざまな成功事例が報告されている[14]。これらの事例で、まちづくりを担うのは、自治会役員だけにかぎられない。むしろ地域の野球部や消防団のように、いつも地域で出会っている仲間が推進者となって、地域のまちづくりの中心的役割を果たしている場合も多い。まちづくりは継承と革新を繰り返すことで蓄積される活動の営みであり、時代に合わせた対応のとれる柔軟な人材や

一　まちづくり活動の展開モデル（自治会）

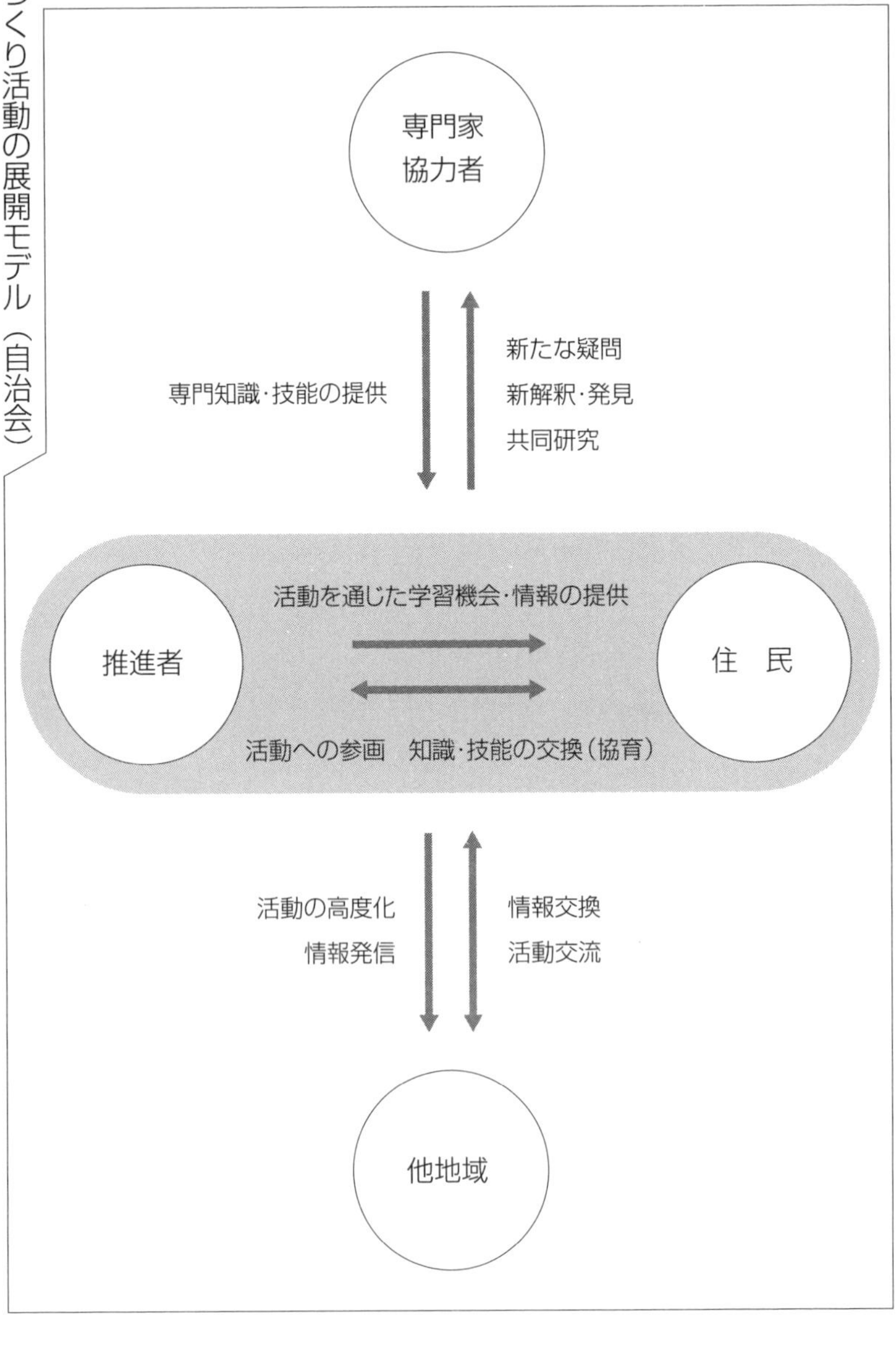

しくみが必要である。

番場のまちづくりの推進役である考える会のメンバーには、公務員や各種団体役員として日ごろから地域をよく知り、多様な人脈を築いている人が多い。地域をよくみて課題を発見し、どう時代の変化に対応するか考え、人脈の交流を通して議論やアイデアの交換が随時行われている。

滋賀県南部ではまだ、人口が増加している地域もあるが、県北部では人口減少と高齢化への対応が待ったなしに求められている。これからの時代は「地域課題解決型まちづくりに挑戦すべき時代が来た」と織田はいう(15)。確かに、市町村の平成大合併を経た今後は、自治会集落や小学校区程度の広がりを持った地域において、自己実現の場を見いだしながら問題解決を図る地域自立型まちづくりが求められてくるであろう。地域の人々が互いの知恵と力を出し合い、地域密着力を持ったリーダーのもとに地域学習に取り組み、まちづくり活動の実践を通して地域文化資源から学び合う。そうした地域協育の取り組みが切望される時期がやってきているのである。

（1）活動状況に関する詳細は、http://www.biwa.ne.jp/~mine-izu/参照。
（2）滋賀県主催の第9回「わがまちを美しく」コンクール（1989年度）に参加した東番場区は、これらの活動により広報活動部門優秀賞に輝いている。
（3）「広報まいはら」2004年11月号（第476号）、米原町役場まちづくり課編、28ページ。
（4）米原町は2005年2月14日に山東町、伊吹町と合併し、米原市となった。同年10月1日にはさらに近江町が米原市と合併し、坂田郡内4町がひとつになって現在の米原市となっている。
（5）『戦国の山城・近江鎌刃城』米原市教育委員会編、サンライズ出版、2006年、24ページ。

（6）『近江の城――城が語る湖国の戦国史』（淡海文庫9）中井均、サンライズ印刷出版部、1997年、1ページ。

（7）「広報まいはら」1999年10月号（第373号）、4～5ページ。「よみがえる戦国の城」と題して、2カ年度で明らかになった鎌刃城跡発掘調査の中間成果が速報されている。

（8）（5）115ページ。

（9）（5）22～45ページに「鎌刃城跡の発掘調査」と題した調査結果が発掘写真とともに掲載されている。また、「米原町内中世城館跡分布調査報告書」（米原市教育委員会、2006年）6～37ページ、74～76ページにも鎌刃城跡の発掘調査結果が学術的に報告されている。この項はこれらをもとに記述した。

（10）鎌刃城の石垣では栗石による裏込石が石垣背後に認められず、代わりに粘土が詰められていたことから、織豊系城郭の石垣とは別の系譜の石積み、石垣技術の存在が指摘されている。

（11）（5）12～15ページ。

（12）小谷城は湖北町、目賀田城は愛荘町にあり、大光寺城は甲賀市の小川城のことを指し、地元のグループがこう呼んでまちづくりを行っている。

（13）『観光文化の振興と地域社会』井口貢・編著、ミネルヴァ書房、2002年、202ページ、「持続可能なエコツーリズムを推進するまちづくりの『場』」より。

（14）『臨地まちづくり学』織田直文、サンライズ出版、2005年、122～126ページ。織田は25年にわたる滋賀県内のまちづくり活動の実践と研究をもとに、「臨地まちづくり学」を提唱しており、この文献にも多くの事例が紹介されている。

（15）（14）127ページ。

第4章　地域に学び、地域を活かす高校生たち
～「チャレンジショップ」がつなぐ教育とまちづくり～

――高見啓一

高校生チャレンジショップとは

自分たちで運営するバラエティ豊かな「お店屋さん」

本章では「まちづくりに子どもを参画させていくことで、大人の発想を超えた新しいまちづくりが可能なのではないか」という視点から、高校生による店舗運営である「チャレンジショップ」を取り上げる。その有効性を考察していくことで、地域における教育とまちづくりの関係性について言及し、新しい「子どもの手によるまちづくり」の可能性を見いだそうとするひとつの「試み」として紹介したい。

チャレンジショップとは新しいまちづくり政策であり、明確な定義や研究文献は見当たらないが、その多くは中心市街地活性化対策事業などの位置づけで空き店舗などを活用して、公募で集まった有志がベンチャービジネスを行う小規模商店のことを指すものと推測される。また、産業創出のベンチャーということで、行政や商工会議所などから補助金や支援を受けることもある。

近年、高校生によるチャレンジショップが増えており、斬新な取り組みとして注目されているが、その多くは行政や商工会議所ではなく、実業高校の授業や課外活動として行われている。ここでは便宜上、高校生チャレンジショップを「実業高校などの学習プログラムとして、生徒たちが店舗運営体験（常設型または期間限定型）を行うこと」と定義しておきたい。

ここで書いたように、高校生によるチャレンジショップには「常設型」と「期間限定型」がある。その多くは短期間のイベント・単年度の期間限定型であり、なかなか研究対象として分析がしにくい感がある。しかし、本章で取り上げる事例をはじめ、近年は常設型の店舗も増えつつあり、「まちの一店舗」としての相を持っている。以下、本節では東海エリアにある3つの常設型高校生チャレンジショップを紹介したい。

一　岐阜県立岐阜商業高校「ベンチャーマート」

岐阜柳ヶ瀬商店街にある高校生チャレンジショップ「ベンチャーマート」は、岐阜県立岐阜商業高校（以下、県岐商）の部活動「ベンチャーズ部」の生徒により運営されている。店舗の場所は岐阜市柳ヶ瀬レンガ通り商店街。柳ヶ瀬商店街は美川憲一の『柳ヶ瀬ブルース』で有名な繁華街であるが、近年は近鉄百貨店や長崎屋が撤退するなど、空き店舗が増大しており、問題となっている。

一方、県岐商でベンチャーズ部が誕生するきっかけとなったのは、岐阜県教育委員会が実施した「学校長自主プラン」であった。２００１（平成13）年度から実施されたこのプログラムは、地域や学校の実情に合わせて、学校からプランを挙げてもらうという「ボトムアップ」の学校支援システムであった。商業高校の定員割れといった問題を抱えているなか、「商業高校の特色を前面に出した部活動が必要である」と考えた県岐商がこの事業に手を挙げ、常設店舗としてベンチャーマートをオープンすることになった。商店街の空き店舗を借りることになったきっかけは、柳ヶ瀬商店街振興組合の副理事長が県岐商ＯＢだったということに由来する。地域の協力により、ベンチャーマートは安価な家賃でテナントとなっている。

ベンチャーマートの取り扱い品目は、生徒みずからがデザインしたＴシャツ（岐商魂Ｔシャツ）、タオル、飴といったオリジナル商品が中心だ。また、似顔絵を入れた名刺やカレンダーなどの注文販売も行っている。そのほか、店内に同校出身のマラソンランナーで金メダリストの高橋尚子さんの紹介コーナーを設けるなどの手法で、多くの話題を集めた。また、学校案内や受験相談コーナーもあり、学校と地域をつなぐ窓口になっている。最近は県岐商グッズを充実させており、特に２００６（平成18）年度は野球部が甲子園に出場したことで、グッズが非常によく売れている。他にも、岐阜市内の他校のグッズも販売するなど、地元ＯＢのニーズに応じた経営を行っている。正に「地域が支える、地域のためのお店」である。

ベンチャーマートは、商品の仕入れから企画・販売・運営まですべて高校生の手で実施しているところに高校生チャレンジショップとしてのいちばんの特徴がある。現金や在庫の管理も、生徒たち自身がパソコンを駆使して行っている。もちろん部活動であるため、店舗営業日には必ず顧問の教諭が随行しているが、店舗の企画・改善等については生徒自身で考えて提案している。非常に自治的な運営がされていることがわかる。

ベンチャーマートができる前の地域の反応としては、「高校生が店を自主運営し継続することなんてできない」と思われており、当初は県から補助金を受けての３カ月間の営業を目標としていた。しかし、オープンしてみると最初の２カ月半で２４０万円の売り上げを記録し、全国初と

県岐商「ベンチャーズ部」による「ベンチャーマート」にはオリジナルグッズが並ぶ

地域住民に人気の飴は主力商品。地元の偉人にちなんだ「忠恕の飴」も

なる高校生の「常設型店舗」となり、現在も好調に継続している。人気の秘密は、「もうけは出さない低価格」戦略のほか、飴の試食等で店の前を歩く人たちに積極的に声をかける元気戦略、地域のOBを意識した県岐商ブランド戦略、といった生徒たちなりの経営工夫である。生徒たちは実体験により、声のかけ方や商品の陳列方法などを自分たち自身で考え、日々模索している。

生徒たちにとって、このベンチャーズ部は「自分の力を開花させる場所」でもある。仕入れなどは、社会人相手なので常に勉強を必要とし、取引先からのレクチャーが貴重なアドバイスとなる。店舗運営は非常に高度な経験であり、成長の「達成感」がある。実際、部員の中にはベンチャーマートを目的に県岐商へ入学する生徒たちもいるし、引きこもりがちな生徒も、表に出ることで自身を改善しているようだ。また販売活動だけでなく、商店街活性化方策として調査活動も実施しており、柳ヶ瀬商店街の客層分析や、求められる高校生の役割などを研究したホームページを作成し、シンポジウムや大会で発表している。生徒自身が学ぶとともに、商店街の活性化に寄与できるような可能性を持った活動にもなっている。

ここまで概説してきたことからもわかるように、ベンチャーマートの目的は「売り上げを上げること」ではない。ベンチャーマートのモットーは「仲良く・明るく・元気よく」。生徒たちに求められていること（部活動の方針）は、ほかならぬ「人に愛されること」である。そのため地域からは、高校生の店の「売り上げ」ではなく、「人柄」や「地域でのマナー」を気にかけてもらっている。柳ヶ瀬の商店街振興組合や店舗からも差し入れや応援があり、「若者らしい発想で、まちに元気をもたらしてほしい」と期待が寄せられている。このことは、生徒たち自身が声かけや仕入れなどを通じて地域住民への「あいさつ」を重視してきたことと並行している。空き店舗の世話にはじまり、県岐商グッズの恒常的な購入など、地域に多く在住している県岐商ＯＢによる応援があってこそのベンチャーマートである。

一　愛知県立岡崎商業高校「ＯＫＡＳＨＯＰ」

愛知県立岡崎商業高校では２００１（平成13）年度より「職業教育パートナーシップ推進事業」として岡崎商工会議所や各商店街と連携して市内商店のホームページ作成請負をスタート。「学校・企業・公共機関」三位一体でまちおこしを……と始まった事業であるが、きっかけは若者の就業率の低下やニートといった社会問題に対応する「インターンシップ」の視点であった。また、地域にとっても高校生への「免疫」がないことから、まずは「まちの人と高校生との接点を」という視点で始まった。高校生たちはホームページ作成だけでなく、商店街や市役所のイベントにもボランティアとして参加。こういった関わりは既に６年も続いており、「岡商生」は地域に欠かせない存在になりつつある。

チャレンジショップ「ＯＫＡＳＨＯＰ」がオープンしたのは２００２（平成14）年６月15日。名鉄東岡崎駅前にある康生通りで商工会議所が実施している空き店舗活用事業「街情報ステーション」内に開店した。ここでは高校生たちがインターネットカフェと物品販売を実施している。地域の調理師による指導のもと飲食メニューを考案し、商店街店主の協力により営業手続きをとることができた。当初は課題研究の「授業」として運営していたが、翌年度からは課外活動（のちに部活動）として「ＯＫＡＳＨＯＰ同好会」が立ちあがり、授業と部活動とで店舗を運営している。

ＯＫＡＳＨＯＰの特徴は「ヘルシー&ビューティ」をテーマにした「岡商ブランド」の開発だ。「士魂商才」といった漢字をあしらったオリジナルＴシャツや、製造方法にこだわったオリジナル商品「天下の飴」「天下のかりんとう」等を販売している。「天下シリーズ」はいうまでもなく岡崎のヒーロー、徳川家康にちなんだ商品であり、天下の飴は２００３（平成15）年度には商標登録を申請。２００６（平成18）年に登録され、®マークがついた。この申請自体も、地元の弁理士から講義を受けながらの生徒たちの実践活動である。天下の飴は商工会のバックアップもあり、岡崎市・全国の「推奨みやげ品」として登録された。パッケージと値段の兼ね合いも知恵を絞っており、最近はＮＨＫの連続テレビ小説「純情きらり」の舞台が岡崎ということで、ＮＨＫからロゴ使用許可をとるなど、戦略的に展開している。

物品販売だけでなく、毎週土曜日のパソコン教室も地域住民からの予約でいっぱいだ。そのほか、高校のノウハウを活かした木べらづくり講座やフォーラムなどを市民向け事業として実施。小学校と連携した「起業家育成」の取り組みなども実施している（小学生とともに考案した「みそクレープ」の販売イベントは好評だった）。また、スタンプラリーが商店街で実施されている際には「スタンプポイント」としてパソコン講座を実施するなど、地域との連携・協力は欠かさない。こういったイベントのほか、地域の大型スーパーでの出張販売も月に１回実施している。

商品を買い求める客で賑わう「OKASHOP」店内

地域住民と生徒たちをつなぐパソコン教室

出張販売は売り上げ金の一部を福祉施設へ寄付するという条件での出店許可であり、企業からの大きなバックアップであると同時に、地域貢献活動にもなっている。また、全国との交流もあり、日本全国にある同様のチャレンジショップに商品を委託販売しているほか、三重県などへ交流会を兼ねた出張販売として毎年出かけている。

２００４（平成16）年度からは「株式会社」化。これは、生徒１人あたり１０００円ずつの「模擬株式」を買ってもらうというユニークな取り組みだ。市場の株式と同じように、「株主」である生徒へ未処分利益の残りから配当金が出るしくみだ（現在のところ、年間50円ずつ配当されている）。

ＯＫＡＳＨＯＰの基本スタンスは「利益目的」ではなく「地域に根ざす」だ。すなわち、チャレンジショップを通じて子どもたち自身をどう育てていくかという視点である。商品開発はあくまでも教育の延長線上にある手段であり、最終目的ではない。人と人との接し方、笑顔の大切さ、そしてチームワーク（ひとりではやらない）。これらは「学校だけでは学べないこと」、すなわち子どもの成長に不可欠な部分を地域に育ててもらうというスタンスだ。特に異世代とのコミュニケーションの場は高校生の日常には少ない。コミュニケーションについては取引先の企業からも手厳しく言われているそうで、生徒だけでなく教員も学ぶべきことの多い実社会となっている。商店主にも岡崎商業高校ＯＢが多いということで、多くの人に見守られ、成長していくべき場所となっている。実際に、ショップ経営がきっかけとなって、デザイナーの専門学校へ進路希望を変更した生徒や、経営学を学ぶために大学へ進学した生徒もいる。近くの岡崎女子短期大学へ進学したある生徒は、まちの活性化プロジェクトに引き続き参加しているそうだ。人づくりの場である以上、地域連携なくして語れない。「社会人になるとはどういうことか」「このまちの将来をどう思うか」。ＯＫＡＳＨＯＰの取り組みはこういった問いかけを常に生徒たちにしている教育活動である。

一　愛知県立一宮商業高校「一商ショップ　Ｒｅ－Ｃｕｂｉｃ」

尾張一宮駅前の本町通り商店街にある「一商ショップ　Ｒｅ－Ｃｕｂｉｃ」は２００３（平成15）年にオープンした、愛知県立一宮商業高校の部活動として運営している中古パソコンショップである。Ｒｅ－Ｃｕｂｉｃは、商店街の空き店舗を活用したインキュベーター施設「ほんまちリボンプラザ」のオープンと同時に施設内に開店。インキュベーター施設とは、事業経営のノウハウを取得したり、新商品・新製品の発表の場を提供する場である（現在はＲｅ－Ｃｕｂｉｃのみ営業）。

店名のＲｅ－Ｃｕｂｉｃは「Ｒｅ（再生活動）」の「Ｃｕｂｉｃ（３乗）」を表している。「リユース」「リサイクル」「リメイク」の３つをテーマにした販売活動であり、その名にふさわしく、取り扱い商品は地元のリース会社より仕入れたリースアップの中古パソコンである。生徒たちがＯＳをインストールし販売。１台あたり５０００円から３万円程度で、１カ月間の保証をつけている。また、アフターサービスもあり、店の奥に相談コーナーを設置し、購入者への無料講習会も生徒が行っている。安くてアフターフォローもしてもらえることから、シニア層や家族のための2台目として購入する顧客が多い。

他の事例同様、設立の目的は「地元商店街の活性化」と「商業高校としての特色ある学校づくり」である。当初は、地元プロバイダのサービス事業部といったさまざまな店舗と同居しており、常駐スタッフがついて毎日営業していたが、現在はＲｅ－Ｃｕｂｉｃのみが入居し、部活動のある土日のみ営業している。特徴的な点は、パソコンという高額かつ特殊な商品を扱っている点である。「ご祝儀」で買ってもらえるような品物ではないだけに、高度な商品知識や顧客への対応・フォローが求められる。そのため、商品として並べるにあたって、生徒たちはメモリの増設といったいわゆる「ハード」の部分に触る経験もする。これは通常の授業だけでは経験できない種類のスキルであり、大きな特色となっている。

２００６（平成18）年度現在、部員は５人。全員高校1年生ということで、顧問の教諭も万全のフォローにあたっているが、生徒自身もＰＯＰ広告づくりや接客を実施し、できる範囲で精一杯対応する。パソコンの知識についてはまだまだ大人には及ばないが、店内のレイアウトや飾りつけは生徒の発案で進めている。「高校生がやっている」ということで温かく見守ってもらっている部分も大きい。失敗も含めて「お客と話す」という体験が大事なのだとか。実際、商店街の店主たちも毎週見に来て、応援もしてくれている。

そのほか、留学生も受け入れている一宮商業高校では国際交流に力を入れており、ほんまちリボンプラザには「国際交流プラザ」という名称もついている。ここを舞台に地域向けの国際交流

商店街の空き店舗を利用した「一商ショップ Re-Cubic」

店内には生徒が再生させたパソコン機器が並ぶ

品の展示販売や、国際ビジネス科生徒による地域向けイベントも実施している（ＡＥＴとの交流教室など）。そのため、Ｒｅ－Ｃｕｂｉｃは三重県主催の「第３回日本環境経営大賞」環境フロンティア部門の地域交流賞を受賞しているが、教育の面だけでなく、環境の面、地域活性化の面、そして国際交流の面と、さまざまな面での効果が評価されている。

パソコンを扱っているという非常に珍しい事例であり、１台１台の商品知識からアフターフォローまで、生徒にとっても教師にとってもたいへん高度な勉強が必要になる実践である。とはいえ、その基本にあるのはまず接客。少ない商品知識でも精一杯顧客のために努力すること。パソコンだけではない地域の人々との交流。今をときめく「ＩＴ産業」の走りではなく、Ｒｅ－Ｃｕｂｉｃはむしろ、地域（市民・商店街）と高校（生徒・教師）が気持ちを通わせてこその場所なのである。

店舗運営体験の再評価と可能性

高校生チャレンジショップをどうとらえるか

前節のとおり、高校生によるチャレンジショップは近年、全国でバラエティに富んだものが多数登場しているが、それらの多くはあくまでも授業（もしくは課外活動）の一環であるため、経済的な成功や拡大を求めることは極めて困難である。

高校生チャレンジショップを再評価するにあたって注目しておきたいのが、ベンチャーマートのモットーにあった「仲良く・明るく・元気よく」であるという点である。どの学校の方針においても「ビジネス能力の習得」というよりもむしろ「地域の人々に愛されること」、「地域に根付くこと」を目的にしていることからも、地域コミュニティとのつながりを重視した部活動であるという原点に立ち返る必要がある。

ゆえに当初の派手なサクセスストーリーとしてのイメージから連想される単純な評価は、ビジネス的な視点に偏っており、地域コミュニティの視点を欠落した「結果のみの評価」となりかねない。多数の学校チャレンジショップが全国で登場しつつある現在だからこそ、経済的な価値だけで評価するのではなく、地域の商店街とともに共存する高校生たちの営み（＝子どもとまちづくり）として、多様な視点で評価をするべきである。

そこで、筆者は民俗学、教育学、子どもの参画論、この3つの視点で再評価することにした。この分析によって、高校生チャレンジショップのみならず経済的に「うまくいっていない」と評価されてきた全国のチャレンジショップ（大人のチャレンジショップも含め）について、多少なりとも一筋の光が差し込むのではないかと考えている。

一　高校生チャレンジショップの特徴と魅力

まず、前節の事例から、高校生チャレンジショップの特徴がみえてくる。以下列挙する。

■実業高校（主に商業高校）の学習プログラムである

これら常設型店舗が維持運営できるのは、学習プログラムの一環として授業や部活動に取り入れられているからであろう。これらどの店舗も開店日・時間をきちんと定めている。

■特産品など、特徴的な商品開発を行っている

岐阜の「県岐商グッズ」や岡崎の「天下の飴」は地域のアイデンティティを活かした商品であり、立派な特産品となっている。また、一宮の中古パソコンは「リユース・リサイクル・リメイク」のテーマを前面に出した環境商品であるといえる。

■斬新な発想でイベントや講座などを実施している

3事例ともパソコンを活用し、「名刺作成」や「ネットカフェ」、「パソコン教室」などの事業を展開。地域のニーズと生徒のノウハウがマッチした取り組みであるといえる。そのほか、岡崎の地域向け事業や一宮の国際交流事業といった、おもしろそうなイベントがめじろ押しである。

■コミュニティのたまり場的スペースとなっている

3事例とも地域コミュニティの「たまり場」を意識した発想・コンセプトとなっている。岐阜の事例は地域のOBから老若男女まで意識した商品ラインナップとなっており、岡崎はカフェスペース、一宮はPC相談コーナーを設けている。これらは学校と地域をつなぐ装置でもある。

■各種団体のバックアップのもと、地域の商業振興に貢献している

高校生チャレンジショップの取り組みは、市や商工会議所、高校OBと連携したものであり、地域の商業振興施策の一環として期待されていることがわかる。これらの事例はすべて、金銭的な補助、空き店舗の確保、ノウハウの指導など、高校だけではまかなえないなんらかの部分を、地域の各団体からバックアップしてもらっている。

以上は、まちづくりと教育の連携を考える本稿にとってひとつの指標となるような、高校生チャレンジショップそのものの魅力でもある。ここで、これらの特徴を踏まえた再定義をしておきたい。

「高校生チャレンジショップとは、実業高校などの学習プログラムと、地域の商業活性化政策を一体として、商店街の空き店舗などで生徒たちが店舗運営体験を行うこと。その多くは、地域

の各団体からのバックアップのもと、斬新な発想で商品開発やイベントなどに取り組むほか、コミュニティのたまり場的スペースとなっている例が多い」

一 文化・まちづくりの創造主体として

さらに、私は3つの視点で高校生チャレンジショップを再評価することにした。

まずひとつ目に、『こども風土記』をはじめとする柳田國男の民俗学の視点において、子どもという存在に「地域コミュニティ活動の担い手」「文化形成の主体」という2つの視点で地域からの期待が寄せられることだ。

村落共同体の中における子どもたちは「子ども組」「若衆組」といったかたちで「自治組織」を形成し、大人社会への組み入れが行われていた。そこでは、異年齢集団において社会性を学びながら、子ども自身で思いつき考える「遊び」そのものが子どもの生活となっていた。また、「職住一致」の社会において子どもが大人の仕事を模倣して覚え込んでいたという点にも注目できる。

また、柳田國男の児童観は「子どもは文化の創造者であると同時に、文化の継承者である」という考え方であった。地域公認の「いたずら遊び」などは、大人の目からみると、大人の生活模倣に過ぎないと考えられるものも、子どもの立場からすれば、自分たち自身による文化創造であり、そういう意味で、子どもの世界もまた文化豊かな世界である。

その意味で高校生チャレンジショップは高校ＯＢや商店街店主たちからの応援を一身に受け、地域に支えられた自治的な活動の中で、「大人の模倣」による「社会勉強」をしていると同時に、商店街の活性化に寄与する魅力的な地域文化を創造・発信しているのである。例えば、岐阜の場合は高校オリジナルの「県岐商グッズ」を展開しているほか、岐阜県恵那郡（現、恵那市）岩村町と連携して作成した地元の偉人「佐藤一斉グッズ（忠恕の飴・忠恕Tシャツ等）」などを販売。岡崎の場合は、天下シリーズで徳川家康ゆかりの地という地域イメージを発信している。生徒たちの得意な「遊び」を通じた文化形成であるともいえよう。

店舗のみならず文化のブラッシュアップに寄与しているという事実は、学校が生徒たちを社会で学ばせ、そのことで生徒たちが社会における文化継承・文化創造の担い手になっていく、という理想的な構図であるといえよう。

次に2つ目として、『学校と社会』を著した教育学者のＪ・デューイが、学校を「現代の社会生活の歴史的進歩を代表する小社会」としてとらえていたことである。デューイは近代国家における教育が仕事・実社会と切り離した、いわゆる「フォーマルな教育」となりつつあることを問題視し、教育現場における作業（仕事）を、「その社会的意義において考えなければならない」「社会がそれによってみずからの存続を維持する諸過程の典型」「社会生活の第一義的な必要条件のいくつかを子どもに納得させる媒介」「それらの必要が人間のしだいに成長する洞察と工夫とによって充たされてきた道程として」と述べ、学校そのものを「そこで課業を学ぶための隔離された場所ではなく、生きた社会生活の純粋な一形態たらしめるところの手段として考えねばならない」と力説している（『民主主義と教育』）。そのポイントとなる指摘は以下の3点である。

①仕事は、個人の独特な能力を彼の社会的奉仕に調和させる唯一のものである

②仕事とは、目的を持つ連続的な活動である。したがって仕事を通じての教育は、他のどんな方法よりも、学習を促す要素をたくさんその内部に結合している

③仕事への唯一の適切な訓練は、仕事を通じての訓練である（その過程自体が目的）

関連して、実社会と子どもの関係を「教育現場において作業（仕事）は金銭的利益のために営まれるのではなく、それ自体の内容のために営まれる」と論じており、外的な結びつきや資金の獲得といった経済的な「外圧」から開放された「真空状態での体験学習（＝実験場）」こそが実社会の発展に効果を持つ教育活動と考えたのである。

このことを考えたとき、高校生チャレンジショップには、従来の大人のビジネスでは生みだせない高校生ならではのアイデアを活かした実験的なチャレンジの要素が詰まっていることがわかる。例えば、岐阜や岡崎の事例にみられる全国との販売交流や、地域への声かけ。一宮のリサイクルパソコンによる環境への取り組み。そして、学校と地域をつなぐ窓口機能。これらは、経済的外圧からの解放が前提にあり、正に子どもたちの自由な発想がまちづくりに投げかけ得る要素であるといえよう。

3つ目に、近年の「子どもの参画」論から考えたとき、高校生チャレンジショップ自体に「自己実現」を求める生徒から「受け入れられる場」を求める生徒まで、それぞれにとっての「居場所」としての機能があることにも注目したい。

子どもの権利条約における「子どもの参加権」は、以下の2つの要素を持っている(1)。
①自己決定的参加権……子どもの自由な意見表明による生活全体への参加権
②社会形成的参加権……コミュニティおよび社会に参加して集団的に役割を果たす権利

すなわち、子どもの参加の権利とは、「自己決定」と「社会形成」の2面で成立し、デューイのいう「個人的経験から社会的資産」という考え方とも一致する。「権利条約」の精神では、「参加」の概念は単なる「奉仕」でなく、自己実現から社会形成に至る「権利」へとシフトしているのである。地域づくりに邁進する子どもから、自己実現(自分探し)をする子どもまで、チャレンジショップは多様な生徒を受け入れる土台となり得る。このことはコミュニティにおいて子どものとらえ方が「保護・教育される存在」から「社会を変えていく存在・文化の創造者」としての期待へとシフトしていくことにつながる。

チャレンジショップを、高校生自身による課題解決の過程も含めてアクションリサーチの学習活動であるととらえた場合、「売上が落ちたから終わり」などという単純な話ではなくなってくる。創造的な店舗運営を通じて数々の課題に対応(場合によっては主体的にも参従的にも)していくことで、チャレンジショップが高校生自身の自治活動となり、「人づくり」のプロセスになっていく。

本節の最後にデューイの言葉を引用しておく。

「教育的に言って、未成熟であることの大きな利点は、子どもたちが未成熟であるからこそ、古くなって窮屈になった過去にいつまでも留まっている必要から彼らを開放してやることができる」「教育の任務は、子どもたちを指導して過去を反復させることではなくて、むしろ過去を再現したり、再通過したりすることから彼らを開放してやることである」(『民主主義と教育』)

これは、子どもの体験により、過去からの伝達を改善、そして発展させていく可能性を示唆している。このことはすなわち「文化創造」「仕事体験」「社会参画」というキーワードが、教育活動における重要な要素となることを示唆しているのではないだろうか。

教育とまちづくりの融合
高校生の創造体験をまちづくりの装置に

ここでは、商店街のまちづくりと高校生チャレンジショップの関係性について考察したい。

「空洞化問題」に悩んでいる全国の商店街の中には、チャレンジショップをはじめとするベンチャー支援策をとっている例がみられるが、今回事例として取材した岐阜県・愛知県の場合、商業高校独自の特色ある部活動としてチャレンジショップが行われている。そこでは、売り上げやマーケティング能力の開発といった個々の店舗運営に関わるものよりも、むしろチャレンジショップ体験による教育目的を背景とした、「地域文化の創造」「自己実現」「コミュニティ関係の形成」といったまちづくりとしての魅力を備えている。これは子どもたち（高校生）自身の発展であると同時に、地域の大人、ひいてはまちの発展につながる効果を持っている。

そのため、「商業体験」を単なる「ビジネス体験」でひとくくりにするのではなく、まちづくりの視点から地域密着志向の「店舗創造」を体験できる場として位置づけていく必要がある。すなわち、金銭関係の成功ばかりに注目するのではなく、商店街空間の新しい魅力を提起するような存在として「チャレンジショップ」をとらえ直す必要があるだろう。

一　ビジネス志向から地域密着志向へ

まず、高校生チャレンジショップはまちづくりの視点からどのようにとらえることができるのかを考察する。以下は、「ぎふまちづくりセンター」へのヒアリングをもとにまとめた、地域側からの期待の要素である。

①地域にとって「刺激」になる

商店街では商売主が減っているという現状があり、当代限りで閉める店も多い。これらの取り組みを通じて、若者が「商売をやってみたい」と思ってくれれば理想的なまちづくりにつながる。このことは、いわゆる商店街の「空白化」と対極にある「職住一致」のまちづくりを理想としていることにポイントがある。

②新しい「地域の担い手づくり」につながる

その意味では、商業高校とはいえ学校ではなし得ない、ひととおりの商品陳列から接客までこなす商業体験は、新しい「地域の担い手づくり」につながる。この視点では「商店街のインキュベーター（孵化器）」として高校生チャレンジショップの取り組みをとらえることができる。インキュベート機能は各商店街ごとに必要であろう。

③地域が将来的なビジョンを持てる

また、「学生」という存在についてはすぐには商売には結びつかないものの、商店街が後継者問題を抱え、将来ビジョンが持てない現在の状況で、こういったチャレンジショップの動きがひとつでもできれば将来的なビジョンにつながる。その意味では、店舗を持つだけでなく、研修・調査などを高校生が実施するのも望ましいのではないか。

④コミュニティとしての商店街の役割が色濃くなる

「商店街」は「もうけ」だけの世界ではなく、「自治会的存在」でもあり、商店街の「振興組合」も一種の地縁組織であるととらえることができる。ゆえに地域では商売だけでなくいろいろな関わり方がある。「主体となった子ども（高校生）と大人がどう関わるか」といった命題に、コミュニティとして気長につきあっていく必要があるだろう。

高校生の一店舗が「商店街のインキュベーター（孵化器）」としてまちづくり・人づくりの場になっているということ。これはすなわち「ビジネス志向」のビジネス型商店街から、「地域密着志向」のコミュニティ型商店街への移行を、先取りしていると考えることができるのではないだろうか。チャレンジショップの売り上げ以上に、地縁組織としての商店街振興組合や商店街各店舗が受けた刺激（インパクト）は決して小さくない。

次に、さらに広い「まちづくり論」の視点から考査する。

商店街空間そのものが持つ「魅力」という視点から考えた場合、岐阜のグッズや岡崎の飴、一宮の中古パソコンといった事例の数々は「おもしろグッズの宝庫」であり「地域文化の伝道空間」にもなっている。さらに大きな地域発展の枠組みで「文化政策学」の視点に立つならば、商店街における高校生チャレンジショップは「創造的なアイデアを生みだす社会的環境づくり」であり、まちづくりの背後にある文化や教育の制度的装置のひとつとして子どもの分野にも踏み込んだ特徴的な事例としてとらえられる。「創造都市の文化インフラストラクチャー」であると位置づけることができるだろう。

また、高校生チャレンジショップは「みずからの力でみずからのまちを良くしていく」という気概のもと、コミュニティの強化と街のアメニティ向上につながり得る。このことは高校生だけでなく、先述のように周りの大人への「刺激」にもつながる。このプロセスは井口貢のいう地域創造のキーワードである「内発的発展」であり、アメニティの向上による商店街の活気の継続的維持につながるだろう。

一　教育とまちづくりの融合について

ここまで論述してきたことは、教育とまちづくりの連携が、教育とまちづくり双方にとって有効であることを示しており、高校生チャレンジショップ再評価のプロセスから教育とまちづくりの理想的な関係モデルを考察することで、「子どもの手によるまちづくり」の可能性を見いだすことにつながるだろう。

まず、教育アプローチによるチャレンジショップは、「自己実現」や「創造性」にその重点を置くがゆえに、その担い手である高校生自身の成長を促すことができ、まちの「内発的発展装置」としての実験的な取り組みを可能にする。また、こうした動きは「商店街が元気になる」と地域からも信頼されている。このことは、チャレンジショップに「利益」以外の意義を与え、チャレンジショップの根本的課題である「継続性」を生みだすことにつながる。文化政策学の視点から述べれば「持続可能性を持つ創造都市の文化インフラストラクチャー」になり得るといえよう。

一方、行政によるまちづくりのアプローチを考えた場合、本来の「プロ」を意識したものではないという高校生のチャレンジショップだが、ここにTMOなどとの連携・バックアップ体制を確立していくことにより商店街全体の活性化にこれらの動きをつなげることができるだろう。このことは、高校生自身に地域における「担い手」としての意識を与え、学校だけでは得られない充実感を生みだすことにつながる。

高校生たちが実験的かつ創造的な取り組みを実施していくことと、商店街がまちづくりとのコーディネートを担っていくこととのコラボレーションが、筆者の考える教育とまちづくりの理想的な関係モデルの具現化である。このモデルの位置づけとして、子どもの参画論における「アクションリサーチ」の手法や、子どもの学習そのものが地域参加となる「まち探検」のアプローチなどが可能性として挙げられる。子どもの手による地域の「魅力探し→課題探し→まちづくり」という考え方を、商店街空間へあてはめたときも、コミュニティ型商店街の可能性を発揮するために、教育アプローチは非常に有効になってくるといえるだろう。すなわち、高校生チャレンジショップの取り組みが、教育とまちづくりの一定の方針のもとで計画的に実施されていくことで、チャレンジショップを単なる「実験」から、まちづくり創造の「装置」「手段」にしていくことを可能にする。そこまで到達すると、子どもだけでなく、大人も含めたまちづくりの可能性へと展開し得るだろう。

子どもは学校だけのものではない
まちは大人だけのものではない

正に教育は「子どものかぎられた個人的経験の及び得る範囲を超えて存在するところの社会的資産の富への扉を子どもにひらかしめる鍵」（『学校と社会』より）であり、地域社会発展のダイナミズムを意識した教育アプローチは、創造的なまちづくりに直結するといえる。そして「子どもの手によるまちづくり」という観点による新しい「モノサシ（＝評価軸）」を持って全国的なネットワークを形成することにより、ローカルガバナンスの現場において、子どもも大人もいっしょに「わくわく」できるようなまちづくり事例・人づくり事例の発掘・創造の可能性につながっていくだろう。

追記

今般の執筆にあたっての事例取材では、愛知県立岡崎商業高校の加藤教諭、岐阜県立岐阜商業高校の西脇・樹下両教諭、愛知県立一宮商業高校の田中・羽田野両教諭にお世話になった。特に印象的だったのは、どの学校も「商業教育は地域に開かれてこそ」というスタンスを持っておられ、積極的に情報を提供していただけたことである。感謝の意を表するとともに、このスタンスも教育とまちづくりを考えるうえで非常に重要な視座であると認識するので、ここに特記しておきたい。

また、本稿は京都橘女子大学大学院文化政策学研究科博士前期課程「2004年度修士論文」として執筆した拙稿をもとに、最新情報等を加え再構成したものである。

(1)『子どもの参加の権利――「市民としての子ども」と権利条約』喜多明人・坪井由美・林量俶・増山均・編、三省堂、1996年。

第5章　公民館の社会教育からまちづくりへ
～子育ち支援NPO「FIELD」の若者たちの挑戦～

――高見啓一

新しい「子育ち支援」の取り組み

お客さん側ではない、企画する場のおもしろさ

少子化対策・次世代育成が叫ばれる昨今、「子育て」と並んで「子育ち」という言葉がみられるようになった。「子育て支援」が子どもの育ちに関わる大人への支援・施策であるのに対し、「子育ち支援」は子どもの育ちを直接支援していくという、小木美代子（日本福祉大学）、立柳聡（福島県立医科大学）らによって提唱された、新しい子ども育成の視点である。子育ち支援はひとことでいうと「専門職が子ども自身の育ちを直接サポートする」という考え方である。ここでの支援のスタイルは、子ども自身が考えて行う自主的な活動（育ち）をいかに大人が側面支援していくかがポイントとなる。

こういった考え方が登場した背景として、子どもをめぐる社会の変化が挙げられる。もともと地域教育・社会教育の取り組みについては、子どもが「社会の参加者」であるという考え方を含んでいるが、とりわけ、子どもの自主的な参加が注目されるようになったのは、１９９４（平成６）年に日本でも批准された国連「子どもの権利条約」の存在である。子どもの意見表明権（第12条）をはじめ、子どもを権利の主体・参画の主体としてみていくという新しい視点が、子どもの教育をめぐる大きな観点となり、インパクトともなった。近年は「子どもの権利条例」として施策に取り入れる自治体も増えてきているが、その理解についてはさまざまで、地域社会での実

践と並行して模索されている状況である。

２０００年代に入ると、子どもをめぐるさまざまな事件がクローズアップされ、また少子化対策という観点からも、子どもを権利主体とした子育ち支援施策に注目が集まるようになる。従前よりその役割を担う存在として、児童館や学童保育、地域団体の取り組みといった子どもの社会教育の存在があり、文科省による「地域子ども教室」の展開といった動きも含め、今なお地域の子ども組織が果たす役割は大きい。

そうしたなか、滋賀県米原市（旧、坂田郡米原町）には、「地域子ども会」という子どもの自治組織がある。その活動の形骸化を防ぐため、子育ちを専門に担う集団をつくり、地域における子どもの自治・参画を再編していこうと、地元の若者グループ、子育ち支援ＮＰＯ「ＦＩＥＬＤ」（現、ＮＰＯ法人「ＦＩＥＬＤ」）という、20代を中心とするグループが生まれた。彼らと私の出会いは、以前の職場である旧米原町役場にて市民活動支援を担当していたことがきっかけだ。大学で子どもの社会教育論を学んでいた私は、彼らの「活動をいつか仕事にしたい」という熱意に惹かれ、「いささかの知識が役に立つのならば」と一緒に夢を追うことになった。

「子どもの参画」から「市民の参画」まで活動を発展させたＦＩＥＬＤは、２００７（平成19）年現在、市内の公民館の指定管理者となって、地域の社会教育・まちづくりを生業として担っている。本章は、この一連の流れに寄り添ってきた私が記す、現在までの約5年にわたる彼らの実践記である。

一　大人と子どものパイプライン「ジュニアリーダー」

豊かな自然ときれいな水の郷、東海道新幹線の停車駅となっている米原町（当時）は関西・関東・北陸の交通の要であり、人口約1万2000人の小さなまちである（坂田郡合併後は約4万1000人）。米原町には「字《あざ》」という町内の一区域が存在する。字には自治会があり、その中で自治運営や、さまざまな文化行事・祭事などがなされてきた。

各字には子どものための地域組織もあり、その多くは「子ども会」という組織を結成している。その各字単位の子ども会が集まり、米原町子ども会育成連合会が組織されていた。連合会では、滋賀県子ども会連合会が提唱する「子どもの手による子ども会活動」を合言葉に、字単位の子ども会とともに、子どもが参画できる事業展開を目指していた。これは、子ども会を子どもの自治的な活動の場ととらえて、大人が側面支援していこうという考え方である。

その中で重要な役割を果たしたのが、連合会にある「ＤＲＥＡＭ」というジュニアリーダー組織であった。ジュニアリーダーとは、子ども会活動における小学生たちへの指導、助言等にあたる中学生から高校生と、大学生以上の指導員で構成されている若者のグループである。彼らは子ども会における大人の補助的機能にとどまらず、独自の指導的役割をもって子ども会を導く小学生たちの直接的な指導者でもある。具体的な活動としては、各字の子ども会からの依頼を受けてのレクリエーションなどを企画・実施するが、あくまでもそれは基本であり、独自の事業も企画する。年ごろの中学生や高校生が集まれば、主体的に「やりたいことをやる」のは当然の流れだ。

事業に参加した小学生と、企画・立案した若者が同じように「楽しさ」を共感することが、ジュニアリーダーにとっての最高の喜びである。そのことは、大人にはできない自主的な育ちの「援助者」であることを示しており、大人である子ども会役員と小学生たちとの間にあるさまざまなギャップを埋めるための「パイプライン」的役割を担っている点が重要である。ジュニアリーダーは今の子どもたちにいちばん近い立場で、彼らに必要な自主的な育ちを体感している存在でもあった。

一 「子育ち支援NPO」設立の夢へ

しかし、米原町の子ども会自体は全国的な状況と同じく、本来の姿である「子どもたちの主体的な自治活動」という状況にはなかった。

各字の単位子ども会では、子ども向けの行事が大人の手で取り組まれる。代表的なものとしてはクリスマス会や旅行などがあるが、通常子どもたちはあくまでも大人のつくったイベントの「お客さん」である。近年はさまざまな工夫をしている子ども会も増えつつあるが、多くは年度ごとに役員が代わってしまうため、「事業のマンネリ化」や「子どもの参加減少」という課題を抱えている子ども会は多い。大人も子どもも多忙な中で地域活動に関わっている以上、限界がある。子ども自身はどこでも「お客さん」であり、地域社会から遠ざかりやすいのが実情だ。

こういった現状のもと、「子どもの手による子ども会企画を模索してほしい」という連合会からの特命を受け、ＤＲＥＡＭの若者たちが発案したのが、小学生たちによるイベント企画事業「夢企画ＤＲＥＡＭプロジェクト」であった。この事業は、企画の楽しさを小学生たちに実際に体験してもらう事業であり、中高生のサポートのもと、実際にイベント企画を行うものだ。

実施のきっかけとなったのは現役ジュニアリーダーである中学生が率直に発言してくれた、地域活動に関する意見であった。

①「お客さんに喜んでもらうことがうれしい」

②「企画をしていると自分が楽しい」

③「仲間といっしょにやるから、最後にいっしょに感動できる」（達成感）

この事業ではグループワーク形式による各自の意見・役割の形成を促し、協同作業による一体感を重視した結果、子どもたちからは、ペープサート（紙人形劇）・観客参加型ゲーム・劇など、おもしろい企画が次々と提案され、「お客さんの反応」をたっぷりと体感した。また、先進的な事例として、ＮＨＫ等のメディアにも大きく取り上げられた。小学生や中高生たちだけでなく、サポートをする大人側にとっても子どもたちへの認識を変えるきっかけになり、子どもたちの秘めた能力への「気づき」は、子どもの自治の「築き」のための大事な第一歩であった。「お客さん側ではない、企画する側のおもしろさを伝えたい」。このときのやりとりが、現在のＦＩＥＬＤの活動理念となっている。

とはいえ、子どもが自身の活動を企画し、運営していくことは簡単ではない。子どもから意見を引きだすには高度な技術と慣れが必要。そのような促しを実施しようと考えてもボランティアでは限界があり、子どもたちの自主的な企画を「継続的に」サポートし得るＮＰＯ組織が地域に必要であるということも同時に認識した。また、彼ら自身も前線で活動し、いつか仕事にしていきたいという想いを持っていた。

そこで彼らが立ち上げたのが子育ち支援ＮＰＯ活動「ＦＩＥＬＤ」であった。当初は法人化していないが、「いつか好きなことを仕事にしたい」というメンバーの想いから、あえて「ＮＰＯ」を名乗った。まだまだＮＰＯという言葉すら十分に知られていなかったこの地域で、手探りで始めた新たな挑戦であった。

一　公の一端を請け負いながら――子育ち支援から市民活動支援へ

彼らの活動の基軸となったのが、子どもたち自身の自己実現と社会参画に向けて、大人（専門職）が直接支援していくという前掲の「子育ち支援」のスタンスであった。これは地域子ども会の理想的なあり方とも融合した。２００３（平成15）年度に発足したＦＩＥＬＤには、地元ジュニアリーダー出身者だけでなく、公民館職員、デザイナー、農家、画家、東京出身の公務員など、20代を中心とした「変わりもの」が結集し、他に類をみない個性的なメンバーのもと、子育ち支援の具体化に向けてさまざまな事業を打ちだした。

①子どもの手による企画づくり事業

商品の企画から販促まで子どもたちが考える、子どもの手によるお店づくり「企画塾」を実施。そのほか、子ども会などからの依頼を受けて、地域で子どもたちが事業を考えていくための企画サポートを行っている。販促ポスターを貼りつけた自転車でまちなかをCMに回るなど、子どもの発想はあなどれない。

②子どものたまり場づくり事業

子育ち支援には自由な遊びの場（＝発想の場）が不可欠である。そこで、なるべく大人が内容を「仕掛けない」居場所を提供している。地域の公民館を利用し、「ふぃ〜る堂」と題した定期的な遊び場として開放。みんなで集まって近所の駄菓子屋へ出かけるのが子どもたちのいちばんの楽しみだ。また、ときには地域の人材を講師に招いた体験講座なども実施している。

③子どもの手によるタウン誌づくり

子どもたちが地域のお店や行事などを取材し、タウン誌を制作するという事業である。写真撮影やインタビュー、イラストレーションなど、子どもたちが考え、発信する。大人顔負けのデザインや発想を生みだす小学生もいて非常におもしろい。

④中高生リーダー育成事業

もともと、ジュニアリーダー活動から始まったＦＩＥＬＤの事業の要は中高生ボランティアの活躍である。メンバーを慕っている中高生たちを中心に、企画のサポートにあたる。普段は友達感覚で子どもっぽい素振りをみせる彼らも、事業をしているときは非常に頼もしいから不思議だ。

２００４（平成16）年度になると、教育委員会をはじめとする行政機関や、公民館など公共施設から声をかけられるようになり、「公」とのタイアップ事業を積極的に実施できるようになった。市の文化財担当課と連携した「醒井花鳥風月」事業では、歴史的建造物である資料館内にて子どもの手による「縁日体験」を実施。ＦＩＥＬＤのお店体験のノウハウが活用された。教育集会所に依頼された「アスナロ教室」事業では、小学校高学年の放課後活動として、まち探検による「すごろくづくり」を実施。活動を通して、地域と子どもとのつながりづくりに貢献した。公民館講座「まいちゃんキッズ」では、公民館における子ども向け講座を受託。子どもたちとともにイベントに出店するお店を企画し、実際に秋のイベントに出店した。そのほか、地域のキャンプ等の事業も受託し、子どもだけでなく、支援する側の大人も活動に参加できる配慮をしている。

これらのタイアップ事業にあたっては、謝礼等のかたちで実費をもらいながら実施。ＦＩＥＬＤが従来の「無償のボランティア」とは違う、新しい「コミュニティビジネス」の実現に向けた事業体であるということが広く認識されつつあった。このことは「米原で夢を持つ若手を育てよう」という地域の大人たちによる支援でもある。そのほか、行財政改革の諮問委員など、各種行政委員にも指名されるようになり、地域に根づいたＮＰＯとして期待を集めつつあった。

合併して「米原市」となった２００５（平成17）年度からは、子どもの活動のみならず、市域を越え、県域の市民団体・ＮＰＯ団体とも連携した事業に取り組むようになった。滋賀県内で開催された「子どもの権利条約フォーラム」では、大人だけでなく主役である子どもの参画を取り入れることになり、ＦＩＥＬＤがこれまで培ってきた「子育ち支援」のノウハウを活かし、ユース世代が支える「子ども実行委員会」を組織。シンポジウムへの子どもの登壇およびパフォーマンスなどを支援した。広域化した米原市域では「ふれあいの里フェスティバル」という恒例の子ども体験イベントの事務局を担うこととなり、子ども関係だけでなく、広く市全域の市民団体をまとめる立場になる。ここでもテント立てから着ぐるみ・ゴミ収集まで、中高生ボランティアの活躍が大人たちからも高く評価され、子育ち支援の理念を広げていくきっかけとなった。新市という新しい単位で、市民活動を連携させた彼らの取り組みは、合併のメリットを活かす貴重な取り組みにもなったのではないだろうか。

これらの活動の軸になっているのは上述した「お客さん側ではない、企画する側のおもしろさ」というキーワードであり、彼ら自身が活動の中で抱いてきた想いを、子どものみならず、大人へも伝えていこうというスタンスであった。このスタンスは、市民自身の「学びのプロセス」でもあり、ＦＩＥＬＤは子育ち支援だけでなく、市民活動育成のコーディネート機能を担っていくという、新しい使命感に燃えることとなった。

有名な近江商人が残した「三方よし」という言葉がある。活動にあてはめると、一方は「子ども」、一方は「大人」、そして最後に「自分たち」。三方が楽しく参画できるようなＦＩＥＬＤ（場）にしたい。それは堅苦しい場所ではなく、みんなの心のたまり場として……。それが「ＦＩＥＬＤ」というネーミングのきっかけであった。「三方よし」の言葉を胸に、若者たちの夢が始まった。

好きなことが仕事になるとき

指定管理者制度というチャンスに対峙して

いま、地方のまちづくりには行財政改革の旗印のもと、「指定管理者制度」という制度が導入されている。この制度を端的に説明するならば、自治体が保有する公共施設の管理運営を企業やNPO法人、地域組織といった民間が請け負うことができるようになる制度である。

正確には、2003（平成15）年9月の地方自治法改正により、自治体の「公の施設」について、その運営を行政直営で行うか、民間に指定管理させるかの二者択一になった。官民の責任関係があいまいな、特定団体（第3セクター等）に限定した「管理委託制度」を廃し、施設運営のノウハウも含めて広く民間のノウハウを検討しようということだ。「自己決定・自己責任」が叫ばれるなか、地方自治体においても民間の能力を活用し、多様化するニーズに効果的・効率的に対応した住民サービスの向上や経費削減を図るべし、というのが総務省の思惑だ。

合併後、行財政改革を加速させた米原市では先駆けとして、この制度を米原公民館に適用することとなり、NPO法人となったFIELDの若者たちが現在その運営を担っている。「公民館」という社会教育法に基づく施設を、公募のNPOが受託したということや、20代の若者が運営しているということで、全国的に注目を集めている。本節ではその経緯について述べたい。

一　指定管理者制度と公民館、そして地方自治体

先だって、指定管理者制度と公民館をめぐり、懸念されている問題点を挙げておく（『公民館・コミュニティ施設ハンドブック』より）。

①公民館の公的責任が守られるかどうかの不安

「平等原則の維持」「無料・廉価な使用料」といった公共機関ならではの管理のあり方や、「住民意思の尊重」「個人情報の保護」といった公共性の観点から、指定団体によっては、公民館の公的責任が守られるのかどうかという問題がある。

②価格競争と雇用の不安定化についての不安

世間の給与水準を鑑みると、公務員から民間へ移ることで、ほぼ例外なく賃金は安価に抑えられ、その一方で成果主義を強化することが可能となる。そのことは、一見メリットのようにみえる反面、指定管理者制度をめぐる「価格競争」による労働条件の改悪を招きかねない。

③行政固有の協働ノウハウが失われることへの不安

公民館をはじめとする出先機関は、公務員と住民とが身近に接する場所であり、そこから市民のニーズが発見されているということも再考が必要。行政自ら住民との「接着の場」を間接化してしまうことも、課題のひとつである。

④制度の導入自体に民主的な決定手続がないことへの不安

指定管理者制度は、慎重な議論を要する問題にも関わらず、格好のリストラツールとして、トップダウンで早急に進められる自治体が多い。この制度自体に市民の声を反映させるしくみがないことも問題である。

これらの問題は公民館に限ったことではないが、こういったリスクをよそに、指定管理者制度を取り入れる自治体は全国的に多いようだ。その問題点はさておき、私が特に重要だと思うのは、この制度を突きつけられて、地方のまちづくりが「どの道を歩むかは自治体次第」という状況に立たされたという観点である。私見ではあるが、「公の施設」をめぐって自治体の選ぶ道としては、ざっと4つの選択肢がある。

①（現場も組織も）直営でうまくやっているのでそのまま発展的に継続する

②直営よりも民間のほうがうまくいくと自覚して、みずからの役割を民間のフォローにシフトする

③出たとこ勝負（?）、現場無視の「外部丸投げ」（問題は後で続々と出てくる）

④そのまま何もせず（現状満足）。ジリ貧で財源を食いつぶす（財源の潤沢な自治体にのみ許された、ある意味平和な状態ではある）

米原市の指定管理者制度導入が、どのスタンスによるものなのか、選択する側の行政がどういう視点で選択しているのか、といった問題は、いずれ市内外から評価されていくことだと思うので、ここでは論じないこととする。本節では、指定管理者制度そのものの問題で思考停止するの

ではなく、実践記録として、ＦＩＥＬＤがどのような構想を掲げて公民館の管理運営を請け負っているのか述べていきたい。

一　米原公民館が指定管理者制度へ移行――好きなことを仕事にするチャンスだ

米原市は２００５（平成17）年２月と10月の２段階で、坂田郡４町が合併して人口約４万１０００人のまちとなった。合併後のいちばんの課題は「行財政改革」。すべての部局の事業がこの視点で見直されていくなか、大きなインパクトとなったのが指定管理者制度の導入であった。すでに「非公募」で制度を導入している公の施設はいくつかあったが、合併後はすべての施設がこの制度の検討対象となり、「直営でなければならない」という明確な理由がない施設以外は指定管理者制度に順次移行していくこととなった。

最初のインパクトが２００６（平成18）年４月からの移管施設である。公民館については合併した４つの町に１館ずつあったのだが、その中で、米原公民館と近江公民館についてはこのタイミングで移行することとなった。米原公民館はＦＩＥＬＤの活動拠点でもあったため、「夢をかたちにするいちばんのチャンス」とＦＩＥＬＤのメンバーは直感し、ＮＰＯ法人化を急いだ。

「子どもたちのためにも、ウチらを育ててくれた地域の皆さんのためにも、今こそウチらが立ち上がるべきときやで！」

23歳になった理事長（現在の館長）の言葉だ。

米原市

進む指定管理者制度

市民の行政参加促進

2006年 湖国

公共施設の管理運営を、民間会社や特定非営利活動法人（NPO法人）などに委任する指定管理者制度の導入が、米原市で進んでいる。行財政の効率化に加え、市民の行政参加促進も期待されるが、一方でサービスの質や運営方法をめぐって懸念の声も聞かれる。（築山栄太郎）

米原市では、今年四月から三十三施設が指定管理者制度に移行。昨年度までの施設も含めると、計三十八施設に上る。市によると、本年度当初ベースで約五千万円の経費削減。平尾道雄市長は「公の仕事を担うのは、公務員だけではない。より緻密（ちみつ）なサービスは、市民の参加により生まれる」と、行財政の効率化だけにとどまらないその意義を語る。

全国でも導入例の少ない公民館も対象にした。米原公民館は二十歳代の若者でつくる民間非営利団体（NPO）、近江公民館は旧近江町の各種団体で急きょ設立したNPOと、管理者の性質は異なる。

しかし、米原は子どもからお年寄りまで誰もが気軽に立ち寄り、コーヒー片手に語り合う〝たまり場〟的な雰囲気をつくり、近江は宿直室を利用した子どもの民泊体験を新たに始めるなど、いずれも特色ある運営で市内外から注目を集める。

ただ、指定期間は一年間。岡田勉・市総務部長は「両館とも利用者から好評」と太鼓判を押すが、米原公民館長の浜川めぐみさん（三四）や、市を退職して近江公民館長を続ける山田裕美さん（五〇）は「来年度の準備を考えれば、わずか半年足らずで実績を求められている。職員の雇用についても不安を感じざるを得ない」と声をそろえる。

市は「指定管理者のなり手があるかなどを模索していたから、初年度は一年間にした。問題がなければ、公募ではなく『特定指定』とし、期間も三年間にすることも考えられる」と説明する。

サービスの質、運営方法に懸念の声

ロビーで一服する住民ら。指定管理者制度の導入で、より風通しの良い公民館に変わりつつある＝米原市米原公民館で

だが、元市職員の米原公民館専務高見啓一さん（三七）は「制度についての市側の周知が不十分。市民の誤解をぬぐい去る努力が必要」と指摘する。

今年三月、その言葉を象徴する出来事があった。

来年度から柏原宿歴史館の実質的な運営を打診されていた同館友の会が、「市の管理でなければ、借用物である貴重な史料に対する責任が持てない」などとして解散し、史料を持ち主に返却してしまったのだ。

小学生に昔の遊びを教えるなど精力的に活動している伊吹山文化資料館友の会でも、同じような議論に及んだ。藤居均会長（八二）は「われわれのようなボランティアは、行政以外の管理下では活動しにくい」と、苦言を呈する。

こうしたすれ違いに、市側は「丸投げではなく、最終的な管理責任はあくまで市にある」と説明するが、市民が制度をすんなり受け入れるには、まだまだ時間がかかりそうだ。

さまざまな問題点も浮上してきた指定管理者制度。サービスの質を落とさないよう、慎重な運用が求められる。

米原市の指定管理者制度導入を報じる報道記事（中日新聞、2006年7月9日付）

公募がかかったのは２００５（平成17）年秋口のことだ。応募および事業計画作成にあたり、彼らは連日夜中までブレーンストーミングや議論に取り組むほか、前掲の小木美代子教授による研修を実施したり、社会教育推進全国協議会等のネットワークを活かして、広域的にアドバイスをもらっている。これは正に米原の地の利を活かし、社会教育のつながりを最大限に発揮したということだ。

ＦＩＥＬＤが公民館を請け負うにあたって考えている視点は以下の４つであり、指定管理者制度をめぐる課題の逆説を展開している。視点は「公益的なＮＰＯの参画による『公民館』の再生」である。

①公民館の原点に回帰するチャンス

公民館の理論・原則を踏まえつつ、新しい運営を目指すことで、公民館の持つ本来の機能および意義を発揮できるのではないか。

②経費削減分で雇用の充実・質の充実を図る

削減分の経費は、価格競争ではなく職員の質を高めることに志向。臨時職員中心の人事から脱却し、資格を持った若手専門職の登用を図ることで、住民サービスの充実を図ることができるのではないか。

③行政と住民とのつなぎ役に徹する

行政と住民との「接着」は、ＮＰＯにとってはいちばんの得意技である。市民と行政の間にＮＰＯという中間集団が介在することによって、縦割りを超えたつなぎ役を果たすことができるのではないか。

④透明な施設運営で、市民と課題共有

NPO法人はその会計をはじめ「公開」が原則である。NPO法人の透明性を活かして、施設の現状・方向性を公開することで、指定管理者制度移行後の運営について市民と課題を共有していくことができるのではないか。

これらの視点に対し「それは官でもできることではないか?」「できないとすればなぜか?」という反論・問いかけがあってしかるべきだが、それはさておき、その後11月に、審査員(市民含む)による書類審査およびプレゼンテーションが行われ、地域での実績および若い力への期待を一身に受け、FIELDは指定管理者に決定し、2006(平成18)年度から米原公民館の管理運営を担うこととなった。

一 「一緒につくるみんなの米原公民館」構想

公民館の運営にあたって彼らが考えたことは、FIELDがいちばん大切にしてきた「企画する側のおもしろさ」。そこで、学習者・市民主体の「一緒につくるみんなの米原公民館」構想を発案した。この構想は3つの柱で構成している。以下、指定管理者の申請書類より抜粋する。

■第1の柱「公民館」

・公民館の本質は、地域課題の解決(地域創造)を担おうとする「公民」のための館です(社会教育法起草者・寺中作雄の構想より）。職員主導ではなく、市民参加による公民館の事業運営を進め、そのための人づくり・団体育成に力を入れて参ります。

・延べ10年以上にわたって米原公民館を利用してきた利用者の立場から、「公民」たる利用団体が利用しやすい運用システムを構築します。

・ボランティア・NPO団体の「連合事務所機能」を重視していくことで、利用団体の日常的・継続的な利用を促進します。

第2の柱「たまり場」

・公民館は人と情報がフリーに集まる場であり、地域活動を促すきっかけとなる「自由なたまり場」です（社会教育の金字塔「三多摩テーゼ」より）。子どもからお年寄りまで、日常の学習相談や地域のつながりづくりをはじめ、学習意欲と成果発揮の場づくりのためのコーディネートをして参ります。

・明るい玄関、明るいロビー、そして明るい職員、民間企業の視点からすべての基本となる「明るい公民館」づくりを基本とします。

・貸館以外のロビーや空きスペースを利用し、高齢者や女性のための「井戸端機能（湯茶サロン等）」、子どもや世代間交流の場「児童館機能」などを実施していくことで、学習者以外の人も気軽に寄れるような交流の場・たまり場を提供していきます。

第3の柱「民活導入」

・住民ニーズへの「スピーディな対応」をはじめとした、民間ならではの手法を活用し、行財

一緒につくる　みんなの　米原公民館

お客さん側から企画する場《FIELD》の面白さへ

米原公民館　3本の柱

1 「公民」館

公民館の本質である「地域課題の解決を担う公民のための館（寺中構想）」に立ち返り、「受身型（講座を聴かせるだけ）」から「能動型（学習から協働へのつなぎ役）」へ。

2 たまり場

人と情報がフリーに集まる「自由なたまり場（三多摩テーゼ）」という機能を重視。子どもからお年寄りまで、日常の学習相談や地域のつながりづくりをコーディネート。

3 民活導入

少数精鋭の若手専門職中心の登用や、維持管理の総合アウトソーシングを図り、民活導入の大命題である、「住民サービスの向上」と「コストダウン」を同時に実現。

運営体制

「職員の専門性アップ」にこだわりました

■若い専門職

即戦力となる20代の社会教育主事などの専門職を複数配置。「地元と外部」２つの視点で新しい公民館を創造。

■緊急時にも対応できる保守管理体制

文産会館などにスタッフが常駐する大手企業「関西メンテナンス」への一括アウトソーシング。コストダウンのみならずスピーディかつトータルな対応も可能に。

■バックアップ体制

業務相談役として元米原公民館長を配置。そのほか、元社会教育課長などの賛助会員や、大学教授などの顧問が複数在籍。重要局面での実務指導および職員研修を行う。

■市内・県内ＮＰＯとのネットワーク

館長には市内および県内ＮＰＯとの広いネットワークをもつ当法人の理事長を配置。米原の地の利を活かし、県内各地の団体と積極的にタイアップ。

こほくＮＰＯ共同オフィス「たまるん」の開設

（淡海文化振興財団の助成金を活用）

米原市内および湖北地域のボランティア・ＮＰＯの共同事務所機能をもった自由な「たまり場」を開設。各種団体の活動拠点（共同オフィス）とし、専門のボランティアコーディネーターを配置。公民館事業はもちろんのこと、行政による各種まちづくり事業とのマッチングを積極的に図る。

4つの機能

1）「共同オフィス機能」
2）「運営支援機能」
3）「広報支援機能」
4）「情報コーナー機能」

NEW 企業体育成プロジェクト

＊詳細は、別添参照

広域情報発信事業
　1）ＮＰＯ・市民活動交流イベントの実施
　2）情報媒体の発信
　3）メディア戦略
行政・企業とのコラボレーション事業
　1）コンサルティング事業
　2）企業・行政とのマッチング事業

来館者の声

★館内の雰囲気が明るくて入りやすくなった
★職員が明るく、元気で楽しそう
★事務室から挨拶されるのが気持ちいい
★職員が来館者との会話の時間を大事にしていることがよい
★公民館の雰囲気がとても良く、地元にこういうところがあって米原の子どもたちはうらやましい（市外の方より）
★孫が家にいないから、ここへ来ると子どもたちがいてにぎやかでいいね（市内の年輩のご夫婦より）
★公民館の常連さんがお友達を誘って「たまるん」を利用。「和んだ場所になった」「良くなった」との声政改革の課題である「住民サービスの向上」と「コストダウン」を同時に実現します。具体的には、若手専門職中心の登用や、維持管理の総合アウトソーシング等を図ることで、職員定数の削減と専門性の向上を同時に図って参ります。

・行政関係各課や県、そして県内ＮＰＯなどとのタイアップ事業を積極的に実施していきます。当法人としても得意分野である広報の協力など費用のかからない低コスト支援を行います。

・大きな事業だけでなく、各種機関と連携した定期的な相談コーナーを実施していくことで、日常的な来館者の増加に努めます。

次節では、この構想がどのように具体化されているかということでスタートした米原公民館の取り組みをレポートする。

「若手による運営」という点と、個々の「新しい取り組み」といった、表面的なものだけを先にみてしまうと、どうしても「斬新さ」というイメージがつきまとってしまうＦＩＥＬＤの公民館運営。しかし、第1第2の柱をみるかぎり、その根本で受け継いでいるのは、戦後の公民館発祥時の魂であり、全国の社会教育先進地が蓄積・形成してきた理論である。彼らの実践をみるまなざしとして、このことに留意しておく必要がある。

一緒につくるみんなの米原公民館

人とまちをつなぐ公民館の共育力・協育力

いよいよ始まった指定管理者施設、米原公民館。3月31日の夜は片づけとリニューアルに向けての作業を、仲間たちと深夜まで行った。まずは場所づくりからということで最初に実施したのは事務所から空き部屋への「事務机」移動とロビーへの「丸テーブル」の配置。

事務所には事務机の代わりにロビーにあった四角いテーブルを置いた。職員がノートパソコンを持って移動できることで、セクション意識も防ぎ、市民との対話スペースにもなる。リサイクルショップで値引き交渉をして買ってきた丸テーブルは、ロビーを喫茶スペース風にしようという試み。そして事務所から撤去された事務机は事務所隣の空き部屋へ移動。市民ボランティアのための「共同オフィス『たまるん』」の完成だ。

たまり場事務所、喫茶風ロビー、共同オフィス「たまるん」。この3部屋を中心に繰り広げられる米原公民館の日常をご紹介する。

一 米原公民館1階レイアウト

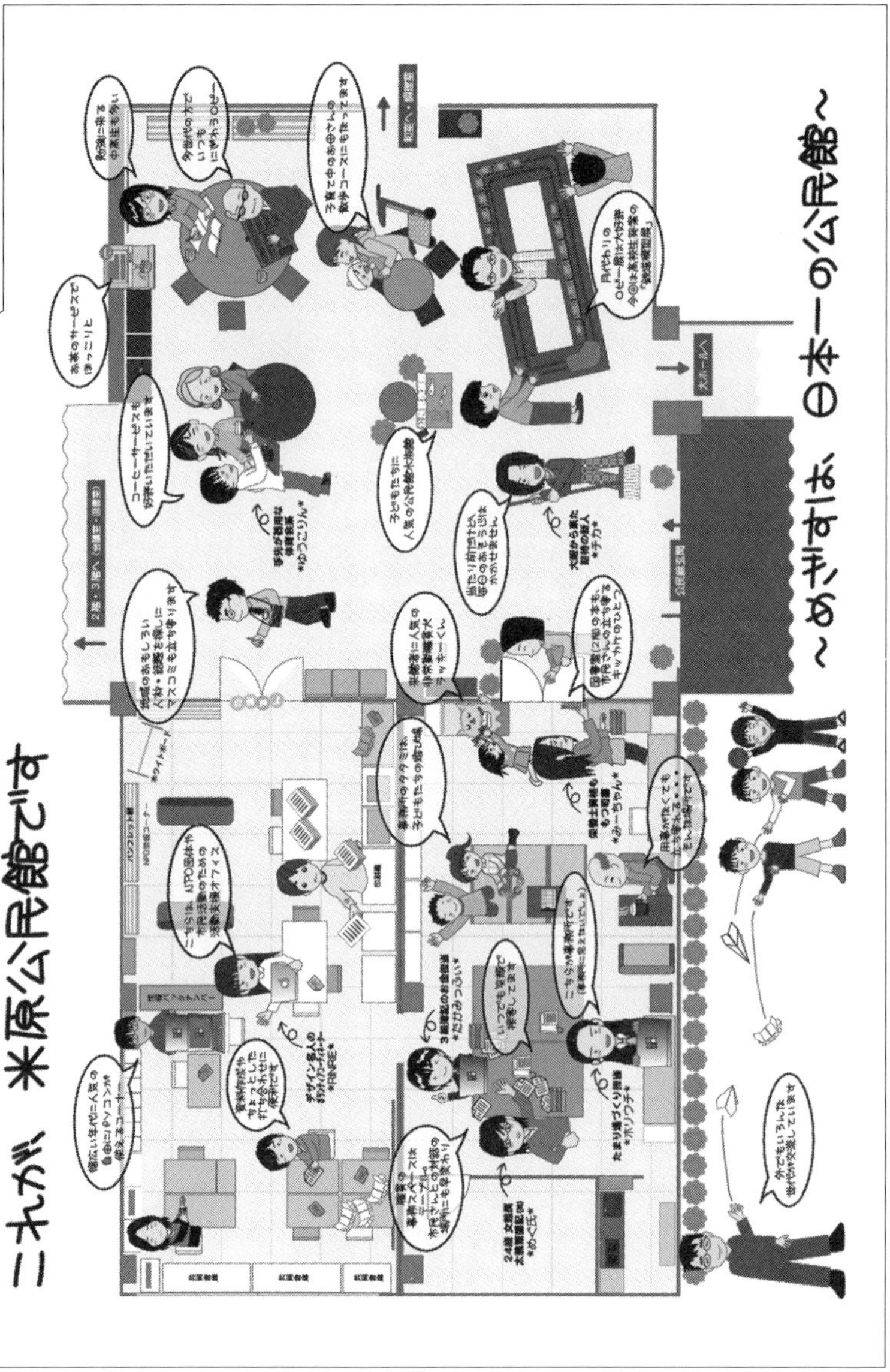

一　まずは「たまり場」づくりから

①「たまり場」となった事務所（文科省「子どもの居場所づくり事業」）

米原公民館を子どもたちや市民のたまり場に。といっても何か講座や事業をしているわけではなく、事務所に敷いた3畳の畳スペースが子どもたちの居場所で、開館日はいつ来てもいい。同じ部屋にあるソファーや職員テーブル（？）では、サークル活動を終えた高齢者がコーヒーを飲みながら談話……。そんな日常である。いま地域に求められている「安全な遊び場」を、公民館という多様な世代が集う「まちかど」に設けたことは、どんな子ども向け事業よりも意義があるのではないだろうか。

また、米原公民館の特徴として、勉強やおしゃべりに来る中高生たちの来館が多い点も注目だ。「企画する側のおもしろさ」を大人以上に感じてくれている彼らは、ＦＩＥＬＤにとっての、そして地域にとっての希望であり、これから公民館を、そして米原を創り上げていく主役でもある。公民館に集う中高生たちは、小学生たちの遊び相手でもあり、また各種企画の陰の主役でもある。公民館に集う子どもたちとともに、ＦＩＥＬＤの若者たちの夢は今始まったばかりだ。

②事業は部屋にこもらないで――「ロビー」を活かす各種取り組み

米原公民館での取り組みは、部屋にこもってしまう「講座」よりも、交流の「場づくり」をメインに据えるようにしている。４月からたちまち開始されたものとして、１階ロビーでの湯茶サービスや、コーヒーサービスがある。これまでサークルや講座の終了後はまっすぐ帰っていた人、公民館には用事がないから来なかった人、そんな人たちが寄るきっかけになっている。ときには、花づくりサークルにハーブティを、料理サークルに手づくりおやつを提供してもらうといったイベントデーも設けており、参画の機会となっている。

また、従来の講座についても、ロビー展示をしている作家にその場での「体験講座」を実施してもらう等の方法をとっており、「いつでも入れる雰囲気」を大切にしている。従来からあった「パソコン講座」も「ネットカフェ」というかたちに変え、自分のペースでゆったり学べる。若いスタッフによる、お盆の「浴衣デー」、敬老の日の「お菓子サービス」などの発案も好評だ。

一 市民の手による「公民館」づくり

③ウチら職員が教えてもらおう――エコミュージアム米原学

これは、米原市の提唱する「エコミュージアム構想（地域まるごと博物館）」を取り入れた生涯学習講座であり、地域の自然や人材を活かした講座づくりをしている。

「歴史編」では米原に多く在住する元「国鉄マン」を中心に、旧国鉄時代の栄えある米原について学び合う講座を実施。「回想法」のアプローチを参考に、国鉄時代の写真や遺物、昔話を持ち寄っての談話は、「昔を語り合うのは本当に楽しい。長生きしてよかった」と好評だ（実は職員の側も楽しませてもらっているのだが）。受講者との共同制作による「思い出ギャラリー」も

子どもと市民の交流の場となる「たまり場」事務所。「非常勤職員犬」の姿も……

口コミで大人気の「ネットカフェ」。ロビーはいつも活気がある

ロビー展示および地域イベントなどで実施。学びがまちづくりにつながっている。

「自然編」では園芸活動に取り組むＮＰＯ等と連携し、地元の「市民農園」での花摘み・収穫体験や、庭先の草花を使った「押し花講座」、花づくりに関する講座やフォーラムなどを実施。地域の女性パワーが存分に発揮されているほか、地域在住の樹木医さんといった人材の発掘にもつながっている。米原公民館にはいつも地域の人が草花を持ち寄ってくれるので、シーズンごとに絶えることがない（世話の方法も職員の側が教えてもらうばかりだ）。

④おもしろそう！　それいいやん！――市民提案講座

こちらも大人気の講座である。東に「何かをやってみたい人」、西に「特技を活かしたい人」がいれば、スタッフはすぐに事業化を検討する。折紙飛行機の達人による「折紙飛行士養成講座」では9歳の子どもから60代の高齢者までいっしょに受講。今でも休日の公民館の玄関先では紙飛行機を飛ばし合う姿がみられる。健康推進員の提案による「食育講座」では、公民館へ来館する子どもたちに向けて食育紙芝居やおやつづくり講座を実施。ロビーでくつろぐ大人をお客に、子どもたちによる「食育喫茶」を実施した。夏期休暇中に開催した「鉄道模型走行展」では、大阪の高校生たちが1カ月に渡ってロビー一面に鉄道模型を走らせた。地域の温かみに触れるうちに「将来米原に住みたいな」といってくれる子も。

公民館としては単独主催事業をなるべく控え、こういった市民からの提案・ニーズを取り入れていくようにしている。

「エコミュージアム米原学（歴史編）」は新しい発見の連続だ

市民の提案によって実現した「食育講座」

⑤公民館はみんなの拠点です――ＮＰＯ共同オフィスの展開（財団法人淡海文化振興財団「おうみＮＰＯ活動基金」事業）

市民提案の基礎にあるのは市民活動自体の育成である。米原公民館では公民館１階の空き部屋を利用し、ＮＰＯやボランティアグループのための共同オフィス「たまるん」を設置した。県財団の助成金を活用してコーディネーターも配置し、市民グループの活動拠点となっている。２００６（平成18）年10月現在、スポーツ団体やエコ・園芸に関わる団体のほか、変わったところでは「折紙飛行機」の団体など６団体が登録している。

こういった団体の運営サポートにあたることで、公民館との共催事業が実現したり、他施設・他市町村やマスコミへ紹介・展開したりと、米原公民館は「地域の人材バンク」としての厚みが出つつある。

余談だが、登録団体のひとつである地域総合型スポーツクラブの会長が連れて来てくれるポメラニアンの「ラッキー君」も来館者に大人気だ。「非常勤職員犬」として親子の来館者を増やしているだけでなく、高齢者と子どもの対話のきっかけとして活躍してくれている。

一　民活導入――いちばんの魅力はバラエティ豊かな若きスタッフ陣

⑥公民館からの発信――「いっしょに研修事業」で職員も市民も学び合う

これも米原公民館ならではの企画。ひとことでいうと、市民も学べる「公開型職員研修」であ

共同オフィス「たまるん」には多様な世代・活動が集う

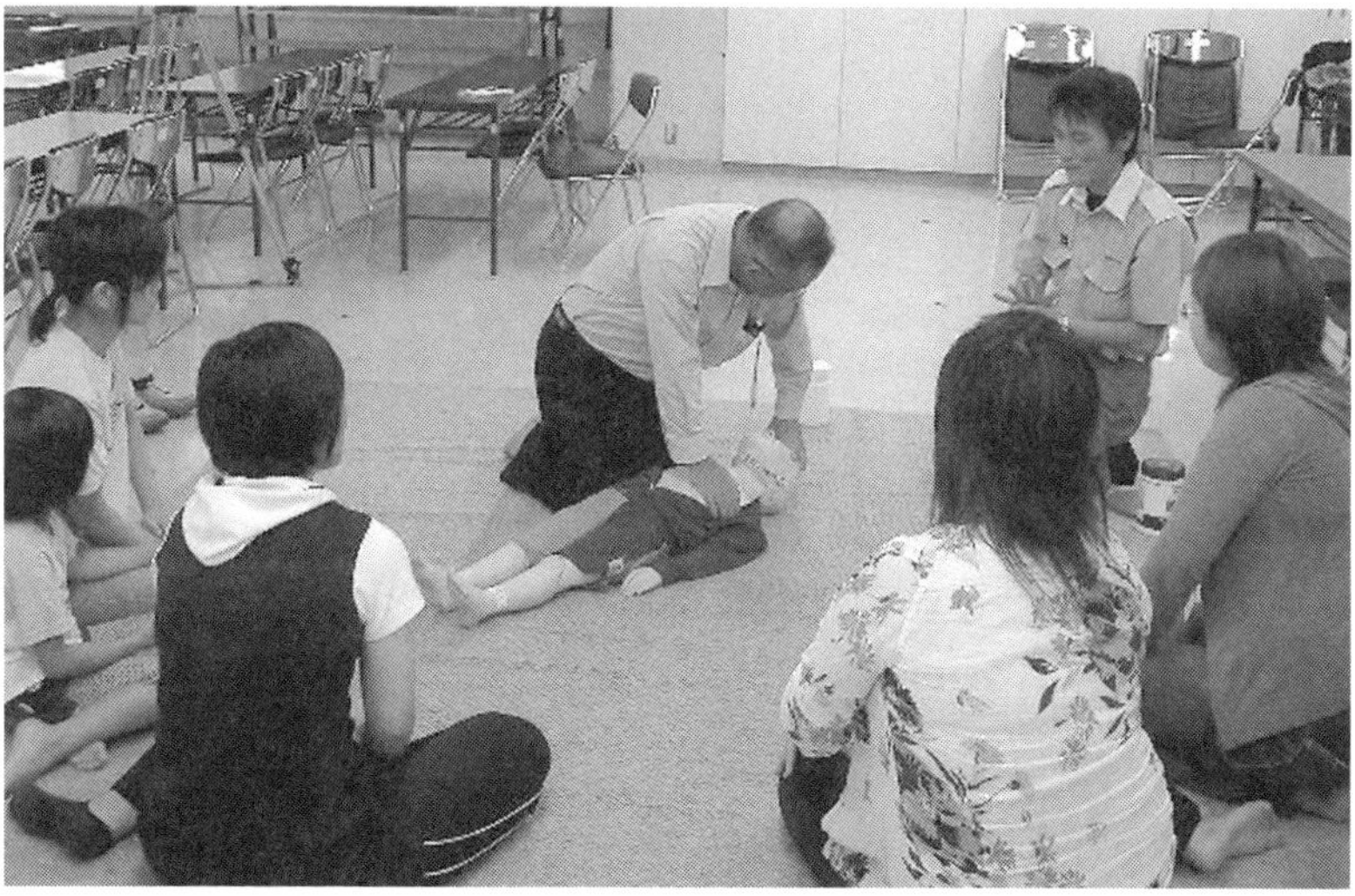

「いっしょに研修事業」の救命講座。大人も子どもも熱心に体験する

る。外部講師を呼んでの社会教育研修では、市民や公民館利用者も同席。職員として必須の「救命講習」や「防災訓練」も利用者といっしょに実施し、意識を高め合う。スタッフのひとりが社会教育主事の講習会を修了すれば、市民への「修了報告会」を実施し、今後の抱負を述べる……といった具合だ。直営時代にはない新しい取り組みであり、職員にとっても「市民のためにどうあるか」を常に考える機会となっている。

参加人数はこれから増やしていく段階だが、安直に一方的な講座提供に終始するのではなく、社会教育の現場だからこそ、利用者と職員との「相互の学び」に配慮し、「公民館が、そして米原市がどうあるべきか」という命題を市民とともに常に考えられるような拠点にしていく必要がある。

これらの事業を生みだしていく（というよりも「人と学びをつないでいく」という表現が正しいかもしれない）源泉となっているのが、魅力あるスタッフ陣の存在である。米原公民館は７人のスタッフで構成している。以下、米原公民館自慢のメンバーを紹介する（２００６年10月現在）。

○館長（法人理事長）　浜川めぐみ　24歳
おそらく日本最年少公民館長。ジュニアリーダー叩きあげ。
○業務主任　堀内理子　25歳
ジュニアリーダーを経て、米原公民館で臨時職員を5年務め、今般社会教育主事資格を取得。

○ボランティアコーディネーター　小林理恵　26歳
通学合宿のボランティアを経て、プロデザイナーを目指し活動中。
○司書　中田美香　24歳
司書と栄養士の資格を保有。公民館図書室を担当。
○事務員　中野祐子　25歳
リーダー経験を持つ元近隣市役所職員。教員免許保有。たまり場とロビーを担当。
○事務員　大西千佳　24歳
10月から青田買い。大阪から単身飛び出す元気でオモロイ新人。
○専務　高見啓一　27歳
筆者。一級人脈と三級簿記を手に「お金担当」。

いろいろな得意技を持つスタッフの面々とともに、まずは「職員を明るく」から始めた公民館改革。笑顔とあいさつの徹底を基本に。いろいろな人が出入りする事務所では笑いが絶えない。取り組みはスタートしたばかりだが、明るいスタッフが勢ぞろいした公民館の先行きも明るくなりそうだ、と地域住民からも期待の声が多い。

一　なぜ今、公民館とまちづくりなのか――「共育」の視点

公民館の法的根拠である社会教育法第20条に立ち戻ると、そこには「公民館の目的」として、「実際生活に即する教育、学術および文化に関する各種の事業を行い、もって住民の教養の向上、健康の増進、情操の順化を図り、生活文化の振興、社会福祉の増進に寄与することを目的とする」とある。これをみただけでも公民館の担当分野は非常に手広く、地域の課題解決学習（＝まちづくり）のために設けられた施設であるということに留意したい。

そのことを強く意識させられるのが「一緒につくる米原公民館構想」でも前掲した寺中作雄の構想である。寺中は、自身の著書『公民館の建設』（国土社、１９４６年）の中で、公民館を創設した理由を以下のとおり掲げている。

①民主主義を我がものとし、平和主義を身についた習性とするまでにわれわれ自身を訓練するため

②豊かな教養を身につけ文化の香高い人格をつくるため

③身についた教養と民主主義的な方法によって郷土に産業を興し、郷土の政治を立て直し、郷土の生活を豊かにするため

また公民館における「公民」については、

「此処に公民という言葉は（中略）自己と社会との関係についての正しい自覚を持ち、自己の人間としての価値を重んずると共に、一身の利害を超越して、相互の助け合いによって公共社会

の完成の為に尽くす様な人格を持った人又はそのような人格たらんことを求めて努める人の意味である」

と述べている。このことは、地域での学びが学習者のみで完結するのではなく、地域社会・まちづくりに密接に関係してくるということ。そしてそのために公民館および社会教育が「学びの援助者」として存在しているということ。このことは、公民館が公共施設として税金で運営され得るひとつの根拠となっており、公民館は単なる教育機関にとどまらない「まちづくりの拠点」なのである。

もうひとつ、重要な観点として、いわゆる「三多摩テーゼ」(『新しい公民館像をめざして』東京都教育庁社会教育部)にいう「たまり場機能」がある。

①公民館は住民の自由なたまり場です
②公民館は住民の集団活動の拠点です
③公民館は住民にとっての「私の大学」です
④公民館は住民による文化創造のひろばです

三多摩テーゼは、高度成長期を経て生活の都市化が進む1970年代に、三多摩地域の市教育委員会および現場職員、学識経験者等で作成された、地域づくりにおける新しい公民館像の提言である。地域生活と就労生活の場が離れ、地域のつながりが希薄になっていく現代社会において、公民館をたまり場・市民活動の拠点としていこうという市民運動のひとつの根拠となっている。

米原公民館では、これらの理論を受けて「自由なたまり場」から発想をスタート。

地域課題（行政課題）の発見と解決、そして社会教育法第20条&寺中構想にいう「学び（＝まちづくり）」を活かし、市民と行政のパートナーシップの最前線基地として公民館を運営しているととらえることができる。

ＮＰＯの時代だからこそ「公民館」に回帰。ＮＰＯ法人だからこそ、この原点に立ち返り、運営していくだけの力量が求められている。指定管理者制度云々ということよりも、ＦＩＥＬＤの挑戦を通じて「公民館の現代的意義」の再認識につながったといえよう。大人も子どもも「企画する場のおもしろさ」。公民館という「まちかど」を舞台にした、教育から「共育」「協育」への展開のスタートである。

一　課題と展望――官民の「協育」へ

スタートから半年たって、米原公民館は多様な人々の出会い・育成の場となっている。公民館の「原点」がまちづくりの「拠点」に、そして人材の「発信地」になった。全国からの視察も相次ぎ、積極的な情報発信のおかげで、ＴＶや新聞といったマスコミに取り上げられている。その結果、スタッフ次第でいくらでも変えられる公民館の「共育力」「協育力」を、官民双方が認識しつつある。

とはいえ、米原公民館のチャレンジは、斬新さで目をひくものの、「民間でないとできない」ということは何ひとつないと思っている。行政であっても、現場職員と行政が縦割りを超えて、市民の視点に立ち返れればできないことは何ひとつない。違いがあるとすれば、人事権（と人脈）があって、特色あるスタッフがそろえられるという「いちばんの魅力」だけだ。まちづくり、そしてまちそのものが「ソフト」であるととらえれば、携わる人（職員も市民も）によってそのあり方はいかようにも変わる。ＦＩＥＬＤのチャレンジは、近いうちに、公務労働そのもののあり方について見直していく際のひとつの大きな論点となるだろう。

関連して、指定管理者ならではの課題もある。直営と異なり、スタッフの今後の「昇給」については先行きの保障はない。これは全国の指定管理者施設の多くが同様であり、施設で上がった業務成果とは別次元の問題だ。とはいえ、今後の昇給が不安という点においては公務員とて例外ではない。自分で成果を出していかなければ経営上の賃金拡大が見込めないのは、官も民も今後は同じだ。そういう意味では、成果がすぐに出る小規模な法人での活動はおもしろい。スタッフの発案を活かしたかたちで施設運営以外にも事業を増やしていくなど、多チャンネルでの経営展望が求められる。そのことが、公民館という場所に新しい層を呼び込むことにもつながるだろう。

行政にも求められることは多々ある。指定管理者制度はあくまでも所有者としての責任が自治体についてくる。その責任の前提となるのが、社会教育への理解と協働のスタンスだ。官も民も、「目指す方向」が同じだからこそ、施設のあり方について切磋琢磨できる。どちらか一方が独善的に進めるかたちではなく、彼らの取り組みのように、施設そのものをめぐる理論を全国的な視野で一つひとつ押さえていく必要がある。

米原市では２００６（平成18）年に「米原市自治基本条例」を制定した。自治基本条例とはまちづくり推進についての基本的な考え方を示す「自治体の憲法」ともいえる存在だ。そこに明記されているのは官民の「相互補完」と「対等関係」。ＮＰＯからの要望型でもなく、行政からの下請化でもない、新しいパートナーシップが求められている。ＦＩＥＬＤの若者たちの挑戦は、振り返れば地域のまちづくり・協働そのもののあり方を考えるきっかけであり、「協育のまちづくり」に向けた大きな一歩だ。

小さな船でこぎだした若い「米原公民館号」はスタッフ全員が舵取り役。行政とも切磋琢磨しながら、「新天地」を求めて大海原へ……。

第6章　地域で協育し、地域を協育する観光文化

～観光立国実現のために何が必要か～

井口　貢

観光立国という構想と現状

「観光後進国」の汚名返上を目指して

小泉純一郎前総理大臣が、「首相として公的に」という意味においては初めての「観光立国宣言」を行ったことは周知の事実であろう。それは、2003（平成15）年1月の国会施政方針演説においてのことであった。

具体的には、2010（平成22）年には訪日外国人観光客数約1000万人を目標に、すなわちおよそ倍増させるための政策目標を掲げたのである。わが国は、邦人海外旅行者数（アウトバウンド）と訪日外国人観光客数（インバウンド）の間に横たわる極端なアンバランスに長年に渡り苦慮してきたし、それは現在においても変わりがない。参考までに記すと、2004（平成16）年において、前者がおよそ1683万人であるのに対して、後者は614万人であった。その当然の帰結として、わが国の国際観光収支には異常なまでに大きな歪みが生じている。2005（平成17）年の『観光白書』（国土交通省）によると、主要24カ国の国際観光収支を比較したときに、わが国のマイナス値の大きさは、ドイツに次いで第2位に位置づけられており、その額はおよそ232億ドル。国際観光支出が第4位であるのに対して、収入の方は第21位と、24カ国中ほぼ最下位に近い。一方、ともに第1位のアメリカ合衆国は、その収支において85億4700万ドルのプラス値を示している。さらに収支のプラス値だけでいえば、イタリア、フランスは100

億ドル超であり、スペインに至るとおよそ270億ドルが国際観光収支においてプラス分として計上されているのである。こうした状況ゆえに、わが国はしばしば「観光後進国」と揶揄されてきた。

「観光立国宣言」に先立って、2000（平成12）年12月には、「観光政策審議会」の答申が出されており、21世紀初頭のわが国の観光振興方策について示され、ここにおいて観光振興を国づくり・まちづくりの柱とすることが明確に打ちだされた。

また宣言後には、「観光立国懇談会」の報告書も出されて、「知的文化産業」「人間的な産業」として観光を位置づけ、観光産業の国際競争力の強化や高等教育機関においての観光教育の充実や、産官学の協力・連携体制の強化などがそこにおいて謳いあげられた。

こうした状況を遅きに失したという気は全くないし、むしろようやくわが国の観光をめぐる環境や事情が大きく好転するのではないかと期待して見つめていきたいと思うが、それでもあえていうならば、戦後のわが国の文化政策としての観光振興推進の大きなチャンスは、1960年代前半に既にあった。観光に関する基本政策を定めた法律である「観光基本法」が公布施行された1963（昭和38）年から翌年の海外渡航の自由化に至るこの前後の時期がそれにあたるだろう。名神高速道路の開通、東京オリンピックの開催、東海道新幹線（東京〜新大阪間）の開通など、観光振興にとっては追い風ともいえる大きな出来事や社会資本の整備が、この時期にはおもしろいほどに集中しており、総合的かつ積極的に観光振興を推進していくかっこうの時代だったのである。

一一地域一観光

「一地域一観光」という目標設定がなされたのもこの「小泉観光立国宣言」のころのことである。大分県がその嚆矢となった「一村一品運動」を彷彿とさせるが、地域が主体となって積極的に独自の観光振興を推進することの必要性を説くものである。ただここで明記しなければならないことは、ひとつの地域でひとつの「目玉」ともなるべき観光対象を「捏造」してはならないということだ。誤解を恐れずにいうが、「捏造」の最たるものでほとんど唯一例外的といっていい成功事例は、「東京ディズニーリゾート」しかない。わが国で最もリピーターが多い観光施設といわれ、持続的な賑わいを呈しているが、これを千葉県浦安市の「一地域一観光」の具体例であるとはだれもいわない。むしろ「浦安市郷土博物館」のような施設こそが、地味ではあるかもしれないが、「一地域一観光」を体現しているのである。江戸湾(東京湾)に面した漁師町としての長い歴史を有し、山本周五郎がその作品の中で描いた世界こそが、浦安の本当の光であり、そのことを踏まえながらまちの未来をも考えていこうとするこの博物館のような施設が、各地域に「一地域一博物館」のごとく存在し、核施設として地域観光を担っていく必要性があるのではないだろうか(「博物館は観光施設ではない」と断じて、特定の人のみを対象に、しかも、「寄るな、さわるな、みせてはやる」式の博物館では、今や通用しないのだ。そして、学芸員も地域文化の広義のインタープリターであるべきである)。

裏返していえば「一地域一観光」というスローガンに浮かれて、地域文化とは無縁のキッチュな施設を決して安易につくってはならないということである。「捏造」されたものは地域の誇りにはならないだろうし、地域の子どもたちが地域に誇りを持って成長していく糧にもならない。「一地域一観光」には、地域に対する矜持を醸成する力がなければならないし、その力を醸成することこそが子どもたちに対する教育的効果を視野に入れた観光文化政策なのである。

国の光を観る（観国之光）

いわれ尽くされた感はあるが、「観光」の語源は中国の古典『易経』の一節に記された「国の光を観る（観国之光）」というところに求めることができる。「国の光」とは、かけがえのないその地域固有の有形・無形の文化や人材を意味する。そして「観る」とはまず「観す（示す）」を含意し、そして心を込めて「観て」、そこから何かを学び取ることを表している。

文化を仲立ちとした知的交流が観光であり、それを成立させるための大前提として、みずからの地域の文化を育んできた先人たちに対する共感と深い理解が必要であり、それを矜持とともに他者、他地域に伝えることが求められるのである。同義反復すれば、まずはそこに住まう人々がみずからのまちの代替不可能な文化の価値を認識し、誇りとともにそれを第三者や来訪者に示すことから観光は始まるのである。

みずからのまちをみずからで観光することができるということ。これがすべての原点といってもよいのではないだろうか。そしてこういった営為こそが、第1章でも述べた「まち育」につながっていくのである。地域教育や地域学習、さらには地理教育などを中心に義務教育の中に観光の原点を踏まえた観光教育を導入することは、今や必要不可欠なのではないだろうか。

一　努力して国の光を発《ひら》かん（努力発国光）

同じ『易経』を紐解くと、「努力して国の光を発《ひら》かん（努力発国光）」という記述と出会うことができる。ここでいう「国の光」とは、とりわけ地域の中の有為な人材を指し示している。努力してみずからの地域の中で、前途有望な人材を見つけだして育てあげることの必要性を説いているのだ。まちづくりや観光振興にとっての人の大切さと内発的な意思の不可欠さについては、既に述べた。その点においても、『易経』のこの一節に触れると、いい得て妙と痛感するし、ところよくいわれた、「まちづくりは、ひとづくり」という言葉に思わず納得してしまう瞬間でもある。

上述したように、地域博物館が地域観光の核施設として存在することの意義も、こうした地域での人材育成という側面においても見いだすことができるのではないだろうか。

ひとつの例として示すと、先で紹介した「浦安市郷土博物館」は、次の４つを基本コンセプトとして、地域の中でのアイデンティティを保持している(1)。

①市民参加をモットーとした「すべてに開かれた博物館」

市民が主体の新しい博物館

②体験を重視した「生きている博物館」
新たな市民文化の発信基地
③いつきても新しい発見のある「リピーターの呼べる博物館」
生涯にわたって学習のできる施設
④博物館も学校であると位置づけ「学校教育に生かせる博物館」
未来の浦安を築くエネルギー

これらのコンセプトの一つひとつは、地域教育にとっての必須事項であるのみではなく、正に持続可能で地に足を着けた地域観光の推進のための要諦と大きくクロスオーバーしてくるのではないだろうか。「市民参加」「市民が主体」「体験を重視」「市民文化の発信」「リピーターの呼べる」「学校教育に生かせる」等。

本当の意味での観光立国を目指すのであれば、即効的で安易な収益性に走るのではなく、こうした地道な地域教育の原点と基本に立ち返ることが必要なのである。

一見華やかな文化現象や、またある意味でサブカルチャーのひとつの現象形態にしか過ぎない狭義の「ジャパニーズクール」に目を奪われることなく、地道な地域の伝統文化や生活文化の中にこそ、本来持続可能な力が存在しており、それこそが地域観光の振興に援用することができる最大・最強の力であるということを認識し、次の世代を担う子どもたちにもそのことを体得させることこそが、今必要な観光教育なのではないだろうか。

観光教育はおもしろくて刺激的

観光の基本は産業ではなく、まず教育

少し長くなるが、観光教育を専門とする宍戸学による興味深い一文を紹介したい（傍線は筆者による）。

「観光学の近年の傾向は、観光の持つ多様性を理解することへと移行してきており、様々な解釈がされるようになってきている。これを踏まえて考えれば、多様な観光教育のとらえ方と取り組みが行われることが、観光現象の健全な発展には不可欠であろう。そして、観光が持つ多様な文脈は、多様な教育への適用が可能となるものと考えられる。その結果、従来の特定のサービス技術やビジネスのための専門教育だけではなく、普遍的かつ一般的な意味合いを持つ観光教育の取り組みが促進されるべきではないだろうか。つまり、『観光教育』という新たなカテゴリーに属する専門的な教育を発展させていくことはもちろんのこと、既存の科目内においても観光の要素を十分活用することで、その科目の持つ意義が深まり、さらには新たな可能性が示唆されるのではないだろうか」(2)

業際的ともいえる観光の営為は、当然学際性が要求され、総合的で協働性のある取り組みがなされなければならない。右に記した、地域博物館が観光のための核施設とならなければならないという私の主張も、理解していただけるものと思う。

「浦安市郷土博物館」の4つの基本コンセプトを手がかりに、この博物館の取り組みに基づきながらさらに考えてみたい。

コンセプト①では、これを具現化するために市民との共同研究の成果発表や市民ボランティアの活用育成を推進している。「市民の共同研究」ではなく、「市民との共同研究」という点が大切だ。確かに、「寄るな、さわるな、みせてはやる」の時代の博物館であれば、「市民の」ですら考えられない相談であっただろう。しかしさらにそこから一歩進んで（二歩も三歩も、かもしれない）、「市民との」という姿勢こそが、地域で担う観光教育に大きく貢献していく秘訣と思われる。「共同研究」という形態を広義にとらえて、小学生から熟年世代に至るまで市民の幅広い層に地域研究の意欲を喚起していくしくみづくりを、全国各地の博物館で整備していくことを強く望みたいものだ。

特に熟年世代の意欲の喚起は、市民ボランティアの活用育成にも直結する可能性が大であろうし、それは博物館内だけにとどまらず、広く観光ボランティアガイドの養成にも寄与していくはずである。生涯現役という言葉があるが、観光教育もまた生涯現役なのである。鳥羽都子が第2章で明らかにしている春日井市の取り組みの事例もまたその意味では、広義の観光教育のあり方を示唆するものといえるだろう。特に団塊の世代はボランティアガイドとして、地域での活躍も大いに期待される存在であるから。

一　博物館市民という考え方

「企業市民（コーポレート・シチズン）」という言葉と考え方は、すっかり定着した感がある。いわば、一人ひとりの市民と同様、企業も社会を構成する一要員としての自覚と責任ある行動が求められねばならないことを表現した言葉である。そして、一つひとつの地域社会に立脚している以上、その地域社会において一定のポジティブな役割を果たすことが期待されるのである。

まちづくりと観光の文脈においては、幼稚園、小学校から大学に至るまでのあらゆる教育機関や、博物館・美術館までもが「〇〇市民」（例えば、「大学市民」といったように）でなければならない。博物館については、「博物館市民」であるべきで、先から事例として取り上げている「浦安市郷土博物館」は積極的にこうした取り組みを行っているのではないだろうか。

コンセプト②において、「新たな市民文化の発信基地」を目指していることが、それを如実に物語っていると思われる。そしてそのことは、とりわけ子どもたちに対する体験学習やふれあいの機会の確保、提供を通して実践されている。

新しい発見とリピーターの創出を目指すコンセプト③は、「新たな市民文化の発信」があればこそ可能となるものであり、巧まずして観光文化の振興における大切なフィロソフィと通じている。地域の光を学び発見し、新たな創造の精神を導きだして、さらにはそれを具象化するという過程において、そのフィロソフィは共有されていなければならないのである。そしてこのことはコンセプト④において、さらに明確化されているといえるだろう。「博物館も学校」「学校教育に生かせる博物館」という視点に立って、学校教育と融合しながらそれらを補完していくという姿勢は、高く評価されなければならない。

地域コミュニティが、ともすれば崩壊の危機に瀕する中で、地域で子どもたちを育てる有形・無形の機能が不全となっているような気がしてならない。くだけた表現でその一端を表現すれば、「隣のおじさんが、よその子をしかることができない社会」になったということである。これは非制度的かつ無形な部分であり、制度・有形とどちらが先かという議論もあるであろうが、その点については留保することにしよう。まずは制度・有形なものとして存在する博物館が、地域学習の拠点、そして、市民から来訪者に至るまでに広く開かれた多様な交流の場として存立することは、やがて地域の教育における非制度的・無形のものに対してもなんらかの正の影響をもたらすに違いないし、その働きこそが「博物館市民」の真骨頂でもあろう。

一　観光教育にも必要な協育の視点

およそ教育には、協育の視点が必要である。学際性を要求される観光教育ならばなおさらのことであるし、とりわけ第1章で縷々として述べたように、地域とそこに住まう人々に対して共感することができるという感性の力の涵養が要求されるまちづくり教育・観光教育においては、多様な人々と多様なセクターによる多彩な協働が子どもたちを育て、次世代を育成していく。

学校も、家庭も、ましてや学習塾も、その単体だけでは子どもたちに本当の教育を展開することはできない。子どもたちが多くの時間を過ごしているはずの学校現場、特に公立学校を中心とした義務教育の現場が、必ずしも円滑に機能しているとは思えない現状であればこそ、教育は協育でなければならないと痛感する（上述したような感性の育成は、義務教育の現場が崩壊していたら成り立ち得ないのではないだろうか）。それは、職員室の中の教職員間でも協育が展開されなければならないし、教育委員会と学校現場の間でも協育が展開されなければならない。もちろんここでいう協育とは、校長による教職員に対する「教育的指導」とか「組織管理」とはまた別の次元にあるものと考えてもらいたい。

「教育的指導」や「組織管理」はもちろん必要不可欠なものであり、それを否定するつもりは毛頭ない。しかしこの言葉が美名のもと、管理職にある人のご都合主義で如意棒のごとく使用されると、学校現場は望ましい方向には動かずに、硬直状態に堕するだろう。

日本経済新聞のコラム「春秋」（２００６年5月18日付）欄に次のような記述がある。

「血を分けた我が子でもない生徒たちを真摯に愛する教育者の姿そのものが、いずれ隣人愛や年長者への敬意を次代の心に育む。そんな物語は過ぎた時代のおとぎ話なのだろうか」

義務教育の現場が必ずしも円滑に機能していないとしたら、その一因について考えるとき、このコラムの指摘は重い示唆を私たちに与えているような気がする。

極論かもしれないが、「血を分けた我が子でもない教師たちを真摯に愛する校長・教頭」を「過ぎた時代のおとぎ話」にしてしまってはいけないと思う。すなわち、職員室の中の協育の不在が病巣を拡大し、地域の教育を空虚なものにしてしまっているのではないだろうか。観光教育の基本でもある「地域の教育」と「地域教育」を復権する手立てが必要であり、その大きな一助となるのは、やはり地域の中で展開される協育の力だろう。

そして技術的な観点からいっても、観光教育は、歴史・文化・自然・環境等にまたがる地域の（安易に使いたくない言葉ではあるが）総合学習であり、当然一定の教科間の連携も必要となるため、ここにもまた協育の必要性が生まれることは否定できないだろう（技術的な観点からみた観光教育の多様な展開について考えるとき、谷口知司が第8章で論じている地域の文化資源のデジタル・アーカイブ化とその活用は、今後の教育現場で大きな役割を果たしていくことになるだろうと思う）。

一　地域で協育する観光の要諦

地域内の人々やさまざまなセクターが協働すること（コラボレーション）で育まれる、協育としての観光は、「観光教育」と「教育観光」という2つの視点からその意義をとらえることができるだろう。

「教育観光」とは主として、教育のために観光を取り入れ活用していくことでその効果を高めていく行為である。修学旅行や遠足、臨海学校、林間学校などは主に初等教育においてその意義が広く認められてきたといっていいだろう。大学においてそれぞれの学部の教育メソッドの中で、必要に応じて多様に展開されるフィールドワークも広義の、そして観光の真義（観国之光）に基づいた教育観光といっていいだろう。当然ではあるが、しくみづくりにおいて、協働の力学が働かなければならないことはいうまでもないし、その遂行過程においてもしかりである。「観光教育（フィールドワーク）」をする側、される側との間でのまなざしと共感がなければこの労苦は徒労に終わるか、単なる物見遊山に堕した挙句に、される側、すなわち迎え入れる側の地域の人々の心の中に「土足で踏みにじられた」という不幸な印象しか残さないということになりかねない。そんなときにかぎって、する側は往々にして能天気なまでに、地域の人々が感じた嫌な思いに気づかずに終わるということも少なくない。

する側とされる側との間でのラポールな関係構築のためのしくみづくりにおいて、行政や観光に携わる人々、教員などとの間での事前における充分な協働関係が求められるゆえんは、ここにあるといってもよいだろう。

一方「観光教育」は、右の真義のみならず、もうひとつの真義（努力発国光）に深くつながるものでなければならないだろう。

地域観光の振興とは、文化政策の重要な柱のひとつであり教育もまた同様であると私は考えている。同志社大学政策学部教授の真山達志は、政策科学において問題発見能力と政策型思考の必要性を強調し、前者について考えるうえで、２つの問題類型を指摘している(3)。

①「認識型問題」と②「探索型問題」がそれである。①については、「A・誰もが認識可能な問題を取り上げる、B・現状を少しでも改善することが課題となる、C・受動的・対症療法的政策形成」とし、②については「A・本質的問題や将来の問題を『発見』する、B・より良い状態

や新しい価値を追求する、C・能動的・問題解決的政策形成」と規定している（A・問題の性格とその発見・認知の形態、B・課題設定の形態、C・政策形成の特徴）。

問題の中に横たわる差異を認識し、その理解を深めるためには示唆深い指摘であろう。これを手がかりにすることによって政策形成のあり方や、採るべき具体的処方についてもおのずと明らかになるであろう。

修学旅行などに代表される「教育観光」は正に「認識型問題」に端を発するものであり、それが個々の児童・生徒の中で深化し発展することで、新たな所在としての「探索型問題」を生む可能性を有するものといえるだろう。

一方の「観光教育」は当初から「探索型問題」の解決を目的とした文化政策として展開されなければならないのではないだろうか。

一　認識型問題・探索型問題と観光協育

協育としての観光は、協育としてのまちづくりと同様に、狭義の観光やまちづくりにこだわってはならない。したがって当然、協育としての観光は実務的な観光教育を意味するわけでは決してない。「国之光」としての観光文化を、地域の子どもたちにどのようにして気づかせるのか、そしてその気づきの発展や展開の中で生まれた地域に対する矜持やパッションが、地域に対するミッションに変わるとき、観光文化は新たな創造の域に入るにちがいない。このときに、地域でメソッドとして協育されていた観光文化は、ある意味で地域を協育する主体に転じていくのではないだろうか。人は文化の深さに気づき、そのことでまた逆に文化から多くのことを教えられて成長していく。地域と観光文化の関係は、こうでなければならないのである（「子どもたち」という表現をあえて直前では採った。しかし、地域に学ぶこと・地域で協育を支えることなどはすべて生涯現役ともいえる行為であるということは、忘れずにいなければならない）。

鳥羽都子が第2章で、あるいは高見啓一が第4章で明らかにした問題というのは、認識型問題という視点から地域の光を発掘して、地域文化政策・観光文化政策を形成していくためのヒントとなる提言でもある。また第3章で津田敏之が記述したものは、次世代を担う子どもたちに対して期待を込めて、探索型問題追及を通した観光文化政策形成のためのヒントを与えてくれる。

探索型問題の追及と観光協育という点においては、小学生から80代の高齢者までが関わるＮＰＯ法人「蒲生野考現倶楽部」の活動に注目したい。

万葉集に収録されている額田王の相聞歌「あかねさす　紫野行き標野《しめの》行き　野守は見ずや　君が袖振る」が詠われた蒲生野（滋賀県蒲生郡日野町一帯）を活動の拠点とする蒲生野考現倶楽部は、廃校跡（日野町立鎌掛小学校舎）を宿泊も可能な核施設として「しゃくなげ學校」（日野町の町花である石楠花にちなむ）と命名し、環境と地域の歴史文化とを結びつけた地域協育・観光協育を提供する任意団体である。１９９０（平成2）年に発足したこの組織は、トヨタ財団や淡海文化振興財団などからの助成や支援を受けながら、調査と研究を重ね、三世代交流を軸にしながら21世紀の地域のあり方を模索してきた実績を有している。

体験学習「日野菜漬け体験」の募集

「しゃくなげ學校」の生徒募集

一例であるが、１９９ページ右側は２００６（平成18）年度生の募集を告知するチラシだ。保護者同伴であれば小学校４年生以下でも入校できる。左側のチラシは、「特別講義」として提供し、家族全員での参加を原則とした体験学習参加者を募るものである。

中心となって取り組んできた井阪尚司らによる『たんけん・はっけん・ほっとけん――子どもと歩いた琵琶湖・水の里のくらしと文化』（昭和堂、２００１年）は、必読の書である。

また、認識型問題がその政策過程を通して課題が解決されていくことで、新たな探索型問題に発展する可能性は先に記したが、鳥羽や高見が提示した事例は正にその可能性を豊穣に含み、それゆえに彼らが取り上げた春日井市や米原市での取り組みは、大きな価値を有するものとして評価したい。

一 観光協育と大学市民

観光教育は、小泉前総理大臣による観光立国宣言を受けた観光立国構想の一環として促進されつつあることを改めて実感する。特に高等教育機関におけるという点では、国立大学法人に対して観光学部・学科の開設を推進するために、政府は運営交付金の増額などによる対応を講じている。早くから観光学科を社会学部の中に開設（１９６７年、のちに学部に昇格）した立教大学以来、一部の私学において設置されていた観光関連の学部・学科も、これによって琉球大学や山口大学、和歌山大学などの国立大学法人に設置されるようになり、北海道大学においては大学院に設置されている。国立大学法人においては、地域密着型・観光立県推進型の地域シンクタンクとしての役割も大きく期待されているのであろうことは、想像にかたくない。

大学にて展開される観光教育においても当然のことではあるが、観光協育という発想が重視されなければならないし、フィールドワークは必然的にカリキュラム上不可欠なものとなるであろうがゆえになおさらのことである。

そしてここでも想起するのが、先にも記したところではあるが、「企業市民」という言葉である。確かに企業の目的は、利潤の追求にあることは否定できないが、企業も通常の市民と同様社会を構成する一員であり、その自覚を持って行動しなければならないということを意味する、企業にとっての行動規範ともいえる言葉なのだ。

観光やまちづくりの文脈の中で、地域と大学との連携は正にはやりのように、全国各地で話題となっている。そんな今、私たちは「大学市民」といってもおかしくない地域環境と期待感の中に立っているような気がする。私が勤務する京都橘大学文化政策学部の教授で、地域計画を専門とする織田直文は「臨地まちづくり学」を主張する。

一見形容矛盾にも聞こえるこの造語の意義は、「大学市民」としてまちづくりに関わることの大切さを主張しているところにある。観光も協育として実践の中で考え学んでいくためには、この主張に学ばなければならない点が大きいだろう。

一　評論家的視点から、生活者の目線へ

すなわち、地域観光についてフィールドワークを通して考えるとき、私たちに必要なことは、マレビト的評論家に終始した視線からの考察ではなく、地域に対するかぎりなき共感と愛着の念を伴う、生活者の目線に立ったスタンスが必要だということである。それがなければ、「持続可能な観光」のあり方に対する研究もなし得ない。

後者のようなフィールドワークであればこそ、そこに含まれる情熱や想いは本当の評価を受けることができるのであり、そして本当に評価してくれるのは、他ならぬその地域に生活者として住まう人々である。彼らに評価されてこそ、学生たちの熱意は真の地域貢献へと結実していく。最初は稚拙だった学生が地域の中で育まれ成長していく過程が、同時に地域の観光が元気になっていく過程でもあり、それこそが正に「地域で協育し、地域を協育する」観光文化なのではないだろうか。

換言すれば、大学の教育力と地域の教育力が協育を通してひとつになることで、学生も育ち、地域もブラッシュアップされ地域力が向上していく。学生たちが、生きた地域に入ることで、地域の暮らしの流儀やエートスの中で地域観光のあり方を学び、また逆に地域が学生たちの活動の姿からわがまちの常在の資源の良さを再発見し、なんらかのかたちで地域観光の活性化に向けての一定のヒントを読み取っていくという相互関係が維持・継続されていかなければならないのである。そしてこのことは、ひとり大学教育においてのみならず、地域を構成する義務教育の教育

商店街の空き店舗を利用した「マイルポスト」

みずからが主体となって計画を立てる、名古屋学院大学の学生たち
(写真提供・名古屋学院大学　水野晶夫助教授)

機関という教育現場においてこそまず模索され、展開されてしかるべきものではないだろうか。子どもたちが地域の光を認識することができ、誇りを持ってその光の新たな創造に貢献できる観光協育が、地域の中で展開されてこそ、その彼岸には観光立国の姿がみえてくるのではないだろうか。

ここで愛知県瀬戸市での事例を紹介したい。瀬戸市内にキャンパスを有する名古屋学院大学は、市内銀座通り商店街の空き店舗を活用し、カフェと雑貨販売を中心に運営する店舗「マイルポスト」を２００２（平成14）年9月に開設した。「道標」を意味するこの店舗で、経済学部の学生たちが中心・主体となって「まちづくり」と「自分づくり」をテーマとしたコミュニティビジネスを展開している。まちづくりや観光の側面から大学が地域貢献を行ううえで、しばしば見受けられることではあるが、単発的なイヴェントのお手伝いではほとんど意味がない。教育を通しての地域貢献である以上、学生も地域もともにその成果を、持続するかたちで享受できなければ無意味なのである。「マイルポスト」の営業日は金・土・日曜日に限定されているものの、通年で事業展開がなされている。また、瀬戸焼を使った携帯ストラップなど瀬戸土産の商品開発や、商店主たちとの合宿・ワークショップ、フェアトレード商品の取り扱いなど公益的連携プロジェクトの企画・開発なども展開することで、まちとの親和関係の向上への努力も欠かせない。学生たちがあくまでも主体ではあるが、大学の監督指導体制も堅固であり、「名古屋学院大学まちづくり推進プロジェクト」の重要な柱として位置づけられている。彼らの活動以前、この商店街は停滞の極みにあったといっても過言ではない。実際に歩いてみたときにそれを痛感した。しかし活動開始後急速にこの商店街に活気が戻ってきたことを肌で感じた。実際、商店街組合加盟店舗54軒中、空き店舗はなんと14軒を数えていたのだが、「マイルポスト」の展開以降、次々と埋まっていき、その数は半減した。そして２００６（平成18）年には、中小企業庁による「がんばる商店街77選」にも選定されるに至った。商店街と学生たちとの活動においてみられる相乗効果は、「地域・商店街活性化のロールモデル」として愛知県下では高く評価されている。

なお「マイルポスト」への年間来客数は延べ1万人にのぼり、年商は７００万円程度が維持されているという。当然利益は講演会やイヴェント、ワークショップなどを通して地域に還元されている。

（1）詳細は、http://kyoiku.city.urayasu.chiba.jp/hakubutukan/index.html を参照。

（2）『月刊地理』２００６年6月号、古今書院、宍戸学「観光教育の拡大と多様化を考える　観光教育とは何か」。

（3）『総合政策科学入門』同志社大学大学院総合政策科学研究科・編、成分堂、２００５年、75ページ、真山達志「自治体における政策形成の新しい形」。

第7章——持続的発展を可能とする地域文化開発と協育

——谷口知司

地域におけるESDの必要性

持続可能な開発のための教育の10年

２００５（平成17）年から「持続可能な開発のための教育（ＥＳＤ＝Education for Sustainable Development）の10年」がスタートした。ＥＳＤは持続可能な社会を構成する責任ある個人を育成する教育・学習活動であり、生涯学習の観点から地域全体を動員し実施されるものである。ユネスコ（国連教育科学文化機関）の国際実施計画などが作成されているが、一方で、その概念や実施の困難さが指摘されている。本章ではＥＳＤがもたらす「教育」に、ツーリズムが果たす役割や貢献について地域の実例なども含め論じることにする。

一　持続可能な開発とは？

１９８０年代半ばに、地球温暖化や酸性雨などに象徴される環境問題や、人権の軽視や侵害などの社会的問題、貧富の格差をはじめとする経済的な問題などが顕在化したことを契機に、持続可能な開発の必要性が提唱されるようになった。特に大量生産・大量消費型社会の象徴でもあった「開発」は、ごみや公害による環境悪化を招き、地球資源の枯渇という重大な危機を予想させた。またそればかりではなく、地域社会の荒廃や、ときには他地域の貧困化までも引き起こすなど、深刻な問題となっていた。それらは正に人類が直面する重大な課題であり、そうした状況からの脱却を目的に、社会的公正を重視し、自然環境との共生を願う新しい「開発」のあり方が求められ始めた。これが「持続可能な開発」(「持続可能な発展」と訳されることもある。また、持続可能な開発が行われる可能性を持った社会を「持続可能な社会」ということがある)と呼ばれるもので、その実現は人類にとってなし遂げられなければならない緊急の課題である。

具体的には、持続可能な開発という概念は、１９８０(昭和55)年に国連環境計画(ＵＮＥＰ)、世界自然保護連合(ＩＵＣＮ)、世界自然保護基金(ＷＷＦ)の「世界環境保全戦略」によって提出された。ここには地球環境保全と自然保護の指針が示されていたが、その副題は「持続可能な開発のための生物資源の保全」であり、人類の生存のための自然資源保全を謳う新たな概念としての「持続可能な開発」がここに初めて公表されたのである。

さらに、日本の提案によって設けられた国際連合の「環境と開発に関する世界委員会」(ＷＣＥＤ＝World Commission on Environment and Development・委員長を務めた、ノルウェー元首相・ブルントラントの名前から「ブルントラント委員会」とも呼ばれる)が１９８７(昭和62)年に発行した最終報告書「地球の未来を守るために(Our Common Future)」(通称「ブルントラント報告」)では、その中心的な理念とされ、それ以降さらに広く認知されるようになった。ブルントラント報告では、この理念は「将来の世代のニーズを満たす能力を損なうことなく、今日の世代のニーズを満たすような開発」と説明されている。

その後、１９９２(平成４)年にブラジルのリオデジャネイロで国連環境開発会議(ＵＮＣＥ

D＝United Nations Conference on Environment and Development・通称「地球サミット」）が開催された。ここでは持続可能な開発の考えを踏まえ、その行動計画としてのアジェンダ21行動計画に具体化されるなど、今日の地球環境問題に関する世界的な取り組みに大きな影響を与える理念となった。翌年に制定された日本の環境基本法でも、その第４条等においてこの考えが取り入れられ、循環型社会の考え方の基礎となっている。

一　持続可能な開発のための教育

アジェンダ21行動計画は、21世紀に向けて、人類が他の生物とともに、限りある地球環境の中で生存していくために必要な行動の計画を具体的に示したもので、貧困撲滅、消費形態の変更、人口問題への対処、開発資源の保護など幅広い分野をカバーしている。しかし、その第36章「教育、意識啓発、訓練の推進」においては、持続的開発に向けた教育の再編成、意識啓発および研修推進の必要性が取り上げられ、実施における教育の重要性が強調されるとともに、その推進を各国政府が積極的に取り組むことが要請されている。

また、ユネスコとギリシャ政府は、１９９７（平成9）年12月にギリシャのテサロニキにおいて、「環境と社会に関する国際会議（持続可能性のための教育とパブリック・アウェアネス）」を開催した。その成果はテサロニキ宣言（Thessaloniki Declaration）としてまとめられているが、この宣言では、持続可能な社会を達成するために、すべての国のあらゆるレベルの学校教育や学校外教育を含めた教育全体の再構築の必要性や、持続可能性という概念が、環境問題だけにとどまるのではなく、貧困、人口、健康、食糧、民主主義、人権、平和、道徳・倫理、文化的多様性や伝統的知識などの問題を含むものであると述べられている。一方で環境教育を「環境と持続可能性のための教育」と表現してもかまわないとも書かれており、このことを論拠として、日本では、持続可能性のための教育は環境教育とほぼ一致するとの見解もある。ここでの私の立場は前者に近く、環境教育に限定されるものではない。

一 持続可能な開発のための教育の10年

「持続可能な開発のための教育（ＥＳＤ）の10年」は、２００２（平成14）年8月に南アフリカ共和国のヨハネスブルクで開催された持続可能な開発に関する世界サミット（ＷＳＳＤ＝World Summit on Sustainable Development・通称「環境サミット」）で提唱され、国連のキャンペーンとして２００５（平成17）年にスタートした。日本政府もこれを受け２００６（平成18）年3月に国内の実施計画を策定した。「持続可能な開発のための教育」とは、持続可能な社会の実現を目指し、そのために必要な環境や福祉、人権、開発などのあらゆる分野の教育を統合して行おうとすることで、学校、地域、行政や企業などでも取り組もうとするものである。

２００４（平成16）年に開催された第59回国連総会では、「ＥＳＤの10年」の国際的な推進機関であるユネスコから「ＥＳＤの10年　国際実施計画案」が発表されたが、この計画案にはその目的として、以下の5つが明記されている。
①持続可能な開発の実現を人類が協力して追い求める中で、教育・学習が中心的な役割を果たすということについて、幅広い理解を得ること
②ESDに関係するさまざまな機関・団体・人々の間でネットワークや交流を推進すること
③あらゆる学習や啓発活動を通じて、持続可能な開発のあり方を考え、その実現を推進するための場や機会を提供すること
④ESDにおける指導と学習の質を向上すること
⑤ESDにおける能力を強化するため、各段階で戦略を策定すること
つまりこのようなESDの取り組みは、学校教育現場だけではなく、社会のさまざまな場面で、つまり地域や職場などで、世代を問わずそれぞれの実情に合わせて取り組まれるべき学習である。また、ESDは地域や個々人の行われることが何よりも大切である。

もちろん今日までもESDと見なされるような取り組みは、既に世界の各地でさまざまなかたちで実施されてきた。例えば、観光学においても重要な位置づけにある総合的なまちづくりは、持続可能性を基本的な方針とするものとしてきたし、初等・中等教育を中心とした総合的な学習の時間もまた、地域やさまざまな機関との連携に大きな位置づけがされており、これらにもESDのありようの一端をうかがうことができる。各地で推進されている環境・福祉・健康などをテーマとした総合的なまちづくり、学校と地域の連携で進められている総合的な学習の時間などの中に、ESDのあり方がみえる。他にも、教育・学習活動としては、環境教育、開発教育、多文

化共生教育、福祉教育、人権教育、平和教育、ジェンダー教育などにおいて、さらには国際協力や地域貢献の現場においても、持続可能な未来につながる学びが進められてきたといえよう。

一　観光の持つ持続可能性への先進性

1987（昭和62）年のブルントラント報告以降、ツーリズムの世界でもサスティナブルという言葉が徐々に認識されだした。サスティナブル・ツーリズムについては「観光地の環境を破壊することなく観光地の経済活動を持続させていくことができる観光形態」というバトラーの定義（1999年）が有名であるが、近年では生態学的、環境的持続可能性に加え、政治的、経済的、社会・文化的にサスティナブルであることが求められている。特に社会・文化的にサスティナブルであることは、観光が教育の一翼を担うという意味からは特に大きな意味を持つ。つまり、場所としての観光地を持続させるだけでなく、その土地に根づく多様な文化、歴史、伝統、風習、習慣、民俗、知といった面をサスティナブルにするということである。例えば「知」という視点からすると、豪雪地帯には雪国に暮らす人たちの「知」が集積され、各地の川の流域には、川を活かす多様な「知」がある。また山間地域には、山を活かす多様な「知」がある。こうした地域の生活の中にある知恵や知見が、観光の対象として持続可能でなければならない。逆説的にいうならば、こうした地域固有の文化的側面が後に述べるグリーン・ツーリズムの成立要件であり、この面がサスティナブルでなければグリーン・ツーリズムそのものが成立しないことになる。リゾート型の大規模開発を中心に多くの観光地ではブームの終焉とともにその魅力が失われた。サスティナブル・ツーリズムは、地域の自然、文化や歴史遺産を活用し、ときには新たなアイデアを導入することで、環境の保全、地域コミュニティの維持、長期的な経済的利益を同時に達成することに特徴がある。その実現のためには、「教育」が不可欠であるが、その際、学校で教える従来型の教育にとどまらず、市民参加型のあらゆる手法で普及啓発していく必要がある。観光学の分野には、生態学的、環境的持続可能性に配慮したツーリズムの形態としてエコツーリズムへの取り組みがあり、一方、グリーン・ツーリズムなどの形態では地元住民が一方の主体として関与することが不可欠であり、その背景にある地域の固有性が有力な観光資源になる。

また、同時にエコツーリズムやグリーン・ツーリズムの持続可能性への先進性と、その方法論の具体性と実績が、環境教育や農業体験、さらには学校教育における総合的学習の時間、生涯学習への適用など、ＥＳＤへの取り組みの中で果たす役割が大きいと考える。

一　エコツーリズムにみるサスティナビリティ

エコツーリズムという言葉がいつどのようにして使われるようになったのかについてはいくつかの説があるが、１９８０年代後半にラスキュレインやＡ・Ｍ・ヤングによって使われだしたというのが一般的だ。ヤングが当時記した論文では、エコツーリズムをネイチャー・ツーリズムやアドベンチャー・ツーリズムと同一視し、そこにあるのは経済優先の視点であり、自然の保護という観点には欠けていた。こうしたヤングの主張の背景には、当時ヒットした冒険映画があったともいわれている。一方のラスキュレインも、１９８８（昭和63）年に発表した論文の中で「風景や野生植物や動物および見いだされた現存の文化遺産を特別に研究したり、鑑賞や享受を目的として比較的荒らされていないまたは汚染されていない地域を旅すること」と記しているが、必ずしも今日エコツーリズムを論じるうえで重要な要素と位置づけられる地域への貢献や、持続可能性という考えが明確に表明されていたわけではない。しかしながら、その後前述のとおり、１９８０年代から今日に至る諸課題が、その解決策を求める中で、エコツーリズムと結びつき、原生的な自然地域におけるガイドツアーから、環境に対する負荷を軽減するツーリズム、さらには持続可能な社会づくりを担うツーリズムへとその役割を変化させてきたのである。特にアジェンダ21以降、それぞれの地域が自分たちの問題として地域環境への取り組みを問われるようになったことで、エコツーリズムから利益を受ける客体としての地域から、実践者としての地域へと変貌を遂げたことが、エコツーリズムそのものの変化を後押ししたと考えられるのである。

２００３（平成15）年11月、環境省が有識者を集め「第１回エコツーリズム推進会議」を開催し、エコツーリズムの推進方策を取りまとめ提言。それに基づく取り組みが行われていることは周知のとおりである。

また、エコツーリズムの啓発と健全な推進を図るため、エコツーリズムに関する情報提供や人材の育成などを目的として１９９８（平成10）年３月25日、エコツーリズム推進協議会（ＪＥＳ）が設立されている（２００２年７月に「日本エコツーリズム協会」へと改名。翌年２月、ＮＰＯ

法人として認可）。

日本エコツーリズム協会によるとエコツーリズムは、以下のように定義されている(1)。

①自然・歴史・文化など地域固有の資源を生かした観光を成立させること

②観光によってそれらの資源が損なわれることがないよう、適切な管理に基づく保護・保全をはかること

③地域資源の健全な存続による地域経済への波及効果が実現することをねらいとする、資源の保護＋観光業の成立＋地域振興の融合をめざす観光の考え方である。それにより、旅行者に魅力的な地域資源とのふれあいの機会が永続的に提供され、地域の暮らしが安定し、資源が守られていくことを目的とする

地域固有性の尊重や、地域振興の視点をとらえることができる。しかしながら、旅行者は「魅力的な地域資源とのふれあい」の対象でしかなく、行為者としての視点が欠如している。特に観光の教育的側面に注目する私にとってはなんとも中途半端な定義に映る。エコツーリズムは、旅行者にとって「体験を通してそこから何かを学ぶ旅」であり、その学びを通して持続可能な社会へ貢献することを意味する。地域住民みずからの環境保全への積極的な関与と、旅行者の学びがエコツーリズムの成立要件に加えられなければならない。

一　グリーン・ツーリズムとは

グリーン・ツーリズムとは、一般に農山漁村地域において自然、文化、人々との交流を楽しむ滞在型の余暇活動である。欧州では農村に滞在し過ごすといった余暇の過ごし方が普及しており、イギリスではルーラル・ツーリズム、フランスではツーリズム・ベール（緑の旅行）、イタリアではアグリ・ツーリズムと呼ばれている。

わが国でも、農産物直売所等での地元農林水産物の購入など日帰りを中心としたものから、農林漁家民宿等での短期・長期の宿泊滞在を通じた農林水産業・農山漁村体験まで、さまざまなタイプの都市農山漁村交流を幅広く含むものと認識されている。

つまりグリーン・ツーリズムは、都市で生活する人々にとって、農山漁村地域の豊かな自然に親しみ、そこに息づく暮らしや文化、人々との交流を楽しむ滞在型の余暇活動のことであり、「農山漁村地域を訪れ、その土地ならではの農林漁業体験・生活体験をしたり、地元産のとれたての農林水産物を購入したり、あるいはのんびりと過ごしたりするうえで、新鮮な感動や安らぎを与えてくれるもの」である。「そこに住んでいる人々が地域に誇りを持ち、地域の豊かな文化や景観、生活風土を守り、生活をしている場」が社会の価値観の変化から、新たな観光地として求められだしたのである。

また、「受け入れ側の農山漁村にとっても、都市住民が訪れてくれることで地域がにぎわい、活力がもたらされる」という効果がある(2)。

特に近年、①農林漁業体験民宿への宿泊を通じた農林漁業や人々との交流、②クラインガルテン（ログハウスを附設した滞在型市民農園）での滞在、③稲刈り、そば打ちなどの「農」「食」体験や自然の中での森林浴トレッキング活動、海の恵みを活用した定置網揚げなどの「親水体験活動」、④農山漁村地域での体験学習、体験型修学旅行など、子どもを対象とした体験活動の推進、⑤ふるさと祭り等の地域伝統文化行事への参加、直売所、棚田オーナー制度、ワーキングホリデー等を通じた交流、⑥グリーン・ツーリズムと地産地消や食育との関わり、といった多様な展開が各地域でみられるようになっている。

一　農業・農村の持つ多面的機能

ＥＵ諸国では、農業や農村の持つ生産活動以外の機能に着目し、農業・農村の多面的機能として重視するようになった。国によって、多面的機能の内容には若干のニュアンスの違いはあるものの、①一定の国内自給を含む国民食料の量的・質的安定供給という食料保障、②土砂崩壊、土壌流出、洪水防止などの国土保全、③水資源の涵養、大気浄化、温暖化抑制などの環境保全、④安らぎの空間となる景観形成、⑤生物多様性の保全、⑥社会的・文化的価値の継承等といった内容がほとんどである。

日本学術会議の「地球環境・人間生活にかかわる農業及び森林の多面的な機能の評価について（答申）」（２００１年11月）には、日本の農山村の地域的特性について、

一 農業の多様な役割と多面的機能（日本学術会議）

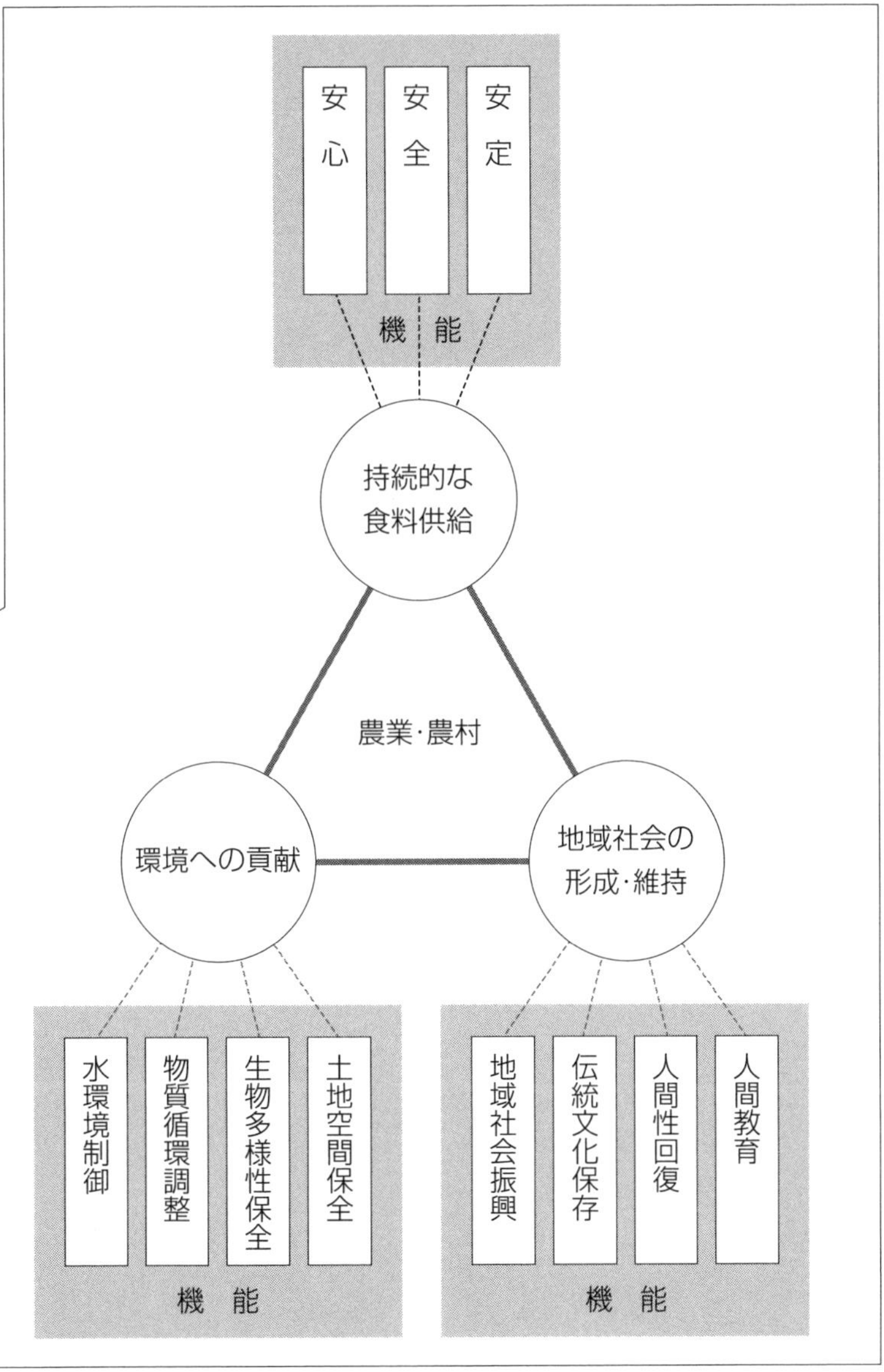

「農山村地域社会は、土地の広がりを必要とし、自然を利用する農林業の特性から、生産の場と生活の場が同一であり、しかもそこはほぼ一つの生態環境のユニットとしても展開する場である。つまり農山村地域は、生産・生活・生態環境が一つの空間において重なり合い、切り離しがたいシステムとして成立している。そこは人間にとってトータルな『生の場所』といえよう。活発な生産活動と豊かな人間生活、そしてそれらを包み込む安全な生態環境、これらのものが調和的に展開し、循環と共生の空間が形成される時、そこは最も人間的な生の場所となるのである」

と記されている。つまり、農村は地域生態系を含めて経済、社会、文化が分かちがたく統合するものとして形成され、諸要素の有機的結合において理解されるべきものなのであり、これらの有機的結合が地域の魅力や固有性を意味づけている場合が多い。そしてそのいずれかひとつでも欠けるとその本来の機能に障害となる。

一　農業・農村の持つ教育的機能

農業・農村の多面的機能の中で特に人間を教育する機能がある。農業・森林を通して命を育むことを経験し、命の尊厳を再認識し、人間の感性・情操を育むことができる。自然体験学習や農村留学が各地で開催されているが、農業により継続して動植物が養育されていることが、その中でも大きな役割を果たすことがある。

例えば、この農業の持つ教育的な要素を機能させるものとして、グリーン・ツーリズムの一形態としての「教育ファーム」がある。ヨーロッパ各国でもフランスを中心として「教育ファーム」が盛んに行われている。フランスの教育ファームについて詳しく記した大島順子の『フランスの教育ファーム——いのち、ひとみ、かがやく』(日本教育新聞社、１９９９年3月)によると、フランスでは、農業さらには自然や環境問題に親しませるために、農場を訪れる授業が行われてきており、このような授業を行うことができる農場(ファーム)が「教育ファーム」である。

教育ファームの歴史を振り返ると、１９４８(昭和23)年にサミエル・ロス氏がニューヨーク郊外に設立した「Green Chimneys Farm」が世界で最も古いものであるとされ、ここに確かな教育目的を持った教育ファームが誕生したといわれている。１９５０年代から１９６０年代にかけては、北欧諸国において、モデルファーム(農業生産が目的ではない牧場)での教育ファーム活動が盛んになった(3)。

その後フランスでは、１９７４(昭和49)年に市営「マルセル・デナン農場(Ferme Marcel Dhenin)」が設立されたが、これがフランスにおける教育ファームの始まりであるといわれている。この時期のフランスでは、地方における離農者の増大と、都市部への人口集中が起きている。その後、１９８０年代後半になると、農家が取り組む教育ファームが急増することになる。大島の前掲書には、20世紀半ば以降に欧米諸国において生まれた教育ファームの設立にいたった契機として、

①都市住民が自然とのコンタクトを失ったことへの反省から

②環境保護教育の必要性のため

③都市住民の生活の豊かさを求めて
④子どもたちに教育を行う場として
⑤障害などのある人々に家畜とのふれあいを通して治療する手段として
の5点が挙げられている。

周知のとおり、ヨーロッパ諸国では、畑作と畜産を組み合わせた有畜複合農業が発展したため、教育ファームの形態も複合的に形成されてきた。特に酪農家がこの分野への貢献が大きかったといえる。

そして、日本においても右記の点で欧米諸国と共通する要因を持ち、また農業者から消費者に対する農業への理解を求める活動として取り組まれるようになり、「教育ファーム」関連の組織化がなされるなどの展開をみせている。特に1970年代ごろから、酪農家が地域の子どもたちを対象とした授業を受け入れ始め、各地で牧場を舞台にした教育活動がみられるようになり、その後次第に盛んになった。これらは酪農教育ファームという広がりをみせたが、こうした動きの中で、1998（平成10）年7月、日本における酪農教育ファームの推進を目指して、「酪農教育ファーム推進委員会」が社団法人中央酪農会議の提唱により教育関係者と酪農関係者の協力を得て設立された。さらに2001（平成13）年1月には一定の基準を満たした牧場を認証する「酪農教育ファーム認証制度」が創設された。

ESD先進地域としての飯田

飯田におけるグリーン・ツーリズム

飯田市は、日本列島のほぼ中央、長野県の最南端にある。人口は約10万8０００人。２００５(平成17)年10月1日の上村・南信濃村との合併によって、その面積は約６５９平方メートルに達する。市域の東側には南アルプス、西側には中央アルプスがそびえ、市の中央部を北から南へ天竜川が流れている。天竜川畔の肥沃な土地には水田が、段丘地帯には畑地が広がり、豊かな自然と優れた景観、四季の変化に富んだ暮らしやすい気候に恵まれた、伊那谷の中心都市である。この「飯田」という地名は「結いの田」つまり共同労働作業の「ゆい」に深い関係があるといわれている。

また、この地は古くから東西日本を結ぶ文化の要所であり、近世の儒学者・太宰春台、近代日本画の先駆者・菱田春草ら、優れた文化人を多数輩出した。柳田國男の養家の故郷も飯田であることはよく知られている。市街地を横断するりんご並木や、天竜峡の絶景をくだる船くだりが有名であり、また人形劇のまちとしても親しまれている。

馬が主たる輸送手段の時代から東西の交流拠点であり、今も高速道路を利用すると東京・大阪双方から四時間弱で到達する。中心市街地は１６００年（慶長年間）ごろ完成した小京都のまちなみを持ち、江戸からは地芝居、京都からは菓子文化というように、京と江戸の文化が混在し、さらに阿波からは人形浄瑠璃が伝えられている。

一　飯田の取り組み

飯田におけるグリーン・ツーリズムはその多様性に特徴がある。豊富な農村資源を活用し、「ほんもの体験」をキーワードに、都市の小学校の環境学習をメインとした「ドングリの森小学校」をはじめ、夏休みに小学3年生から中学3年生が、共同生活で長期体験をする「南信州こども体験村」、中学生から高校生を対象とした「体験教育旅行」、高校生以上を対象に体験活動の指導者養成を目的にする「南信州あぐり大学院」など、小学生から社会人までを対象として、農村を活性化させ持続社会を構築するために、都市と農村の共生・対流を促進する事業を行っている。

一　体験教育旅行

１９９６（平成８）年に商業観光課が始めた「体験教育旅行」は、「豊かな自然の中で土や生き物、そこに暮らす人に触れ、食の大切さ・命の大切さを感じてもらう」という基本方針のもと、子どもたちに農作業の中から本物を体験させるとともに、インストラクターの生きざまを子ども

「体験教育旅行」の環境学習（写真提供・井上弘治氏）

たちに伝えてきた。

2001（平成13）年1月には、受け入れ体制の整備を目的に、体験受け入れコーディネートを専門とする「南信州観光公社」を設立した。体験プログラムには、環境学習プログラムや自然体験プログラムなど160に及ぶ豊富な体験プログラムが用意されており、2003（平成15）年度には、教育旅行だけで全国220校が訪れている。教育プログラムの中では、

■自己の心身の成長（自己の課題発見、判断力、問題解決能力の向上）
■知識ではない知恵の学び（先人の技・知恵の学びによる尊敬）
■自分や他人、さらに他の命の尊重（感謝の心、敬愛、命の尊厳）
■人との交流によるコミュニケーション向上、リーダーシップの向上などを、人と人との関係再構築として学び、自然への感性、環境理解から豊かな感性を育てる
■事実とのていねいな出会いによる学び（思いどおりにならない自然への気づき）
■困難を克服したときの達成感による自信、生命を育てる営みの学び

などを通し、人と自然との関係再構築を目指す。これらは本物の体験を求める時勢を反映して、教育関係者の間でも注目を集めている。

一 飯田型ワーキングホリデー

1998（平成10）年には、農政課（現、農業課）が、援農を第一の目的に、農業をしたくて

「ワーキングホリデー」の酪農体験（写真提供・「広報いいだ」）

も手がかりがない、農業を真剣に学びたい都市住民と、農繁期に手間が足りない農家を結び、お互いの足りないところを補い合うパートナーシップ事業である「ワーキングホリデー」を始めた。

この当時は、田舎志向や定年帰農など、新規就農相談に都市部から訪れる人が多く、一方、農村では農業の担い手が減少し、兼業化や離農が進んでいた。この農村の悩みと都市住民の願いをマッチングするため、農村まるごとトラスト運動で守れないだろうかと考えた末の結論が、ワーキングホリデーであった。ここでのコンセプトは「無償ボランティアで観光は一切なし」であり、「交通費自前で、来てください」ということであり、「飯田型」として独自の方式を採っていた。農業繁忙期に援農として訪れる都市住民は年間200人を超え、「居ながらにして情報をもらえる」という農家と「ボランティアに来てボランティアされた」という参加者との間の120%の満足交流で、現在1000名程度の登録者は北海道から沖縄県の幅広い地域から訪れ、体験教育旅行と対をなす交流事業として、内外の高い評価を得る事業に育っている。

農家に入って朝から晩まで農家の時間に合わせて生活する。参加の期間も3泊4日から1カ月以内の比較的長い参加であって、ちょっと農業体験がしたいというのは断っている。実際にここでの体験を経て、就農する人も年間数人いる。

一　南信州あぐり大学院

南信州あぐり大学院は、2001（平成13）年6月に開講。「農村まるごとキャンパス」を標榜し、数多くの本物体験のフィールドと、農家をはじめとした総合教育ノウハウを持つ地元インストラクターや全国の先進的実践者が、生きる力を育むうえで重要な「食と農」を切り口として、教師、学生、一般社会人を対象に「総合的な学習の時間」を指導できる人材や、地域づくりリーダーを育成することを目的としてきた。募集要項には、

「世紀末には出来ないと言われていた2速《ママ》歩行ロボットが完成し、遠い未来の夢物語と考えていた手塚治虫の『鉄腕アトム』が現実になりつつあります。しかし文明の進歩は、私たちが次世代へ残せなければならない大事なものを切り捨ててきました。子供たちが素手で虫や魚を捕まえる。野の物をそのまま食べると言った光景を、どれほど見ることがあるでしょうか。残念ながら近代化の波は、自然界のみならず私たち自身の変質をもたらしました。子供たちに限らず大人の実体験不足は教育や家庭、社会生活などあらゆる面に悪影響を及ぼしています」(4)

と記されていた。まさしくここでは食と農を切り口として地域の資源を最大限活かした「総合的学習」の手法や農業実践の基礎を習得することを基本に、知識ではない知恵の教育を見いだす人材を育成することを目的としたのである。

「ＥＳＤの10年」における最初の段階では、特に各分野の専門家を育てることが重要であるとされ、人材養成のための取り組みが大きな意味を持つ。飯田における南信州あぐり大学院の取り組みは、地方におけるささやかなものであり、また学校教育法に認められた正式な学校ではない。しかしながらここで学んだ学生（受講者）たちがまさしくこのＥＳＤの理念を帯した画期的な人材として既に各地で指導者として活躍している姿は実に頼もしく、その先駆者としての業績は評

価されなければならない。

―ドングリの森小学校

飯田市では、2000(平成12)年から東京都内の小学校の環境教育と地域の里山保全を図る「ドングリの森小学校」をスタートさせている。渋谷区内の小学校の校長先生が発芽させ育てていたドングリの苗を植える場所を探しているのを聞き、地元農家所有の里山を提供してもらった。

この取り組みの神髄は、植樹1回で終わらないところであり、植樹をした子どもたちは、そこの里山でドングリを拾って持ち帰り、学校で育て、3月の卒業式に次の6年生へ手渡す。新6年生は10月まで育て、飯田に来て植樹する。この循環が続き、いつしか見事なドングリの森ができるしくみである。子どもたちはその足跡を将来に残すとともに、次の代、さらに次の代へと継承し、森を育てていけば、地域にとって100年の森づくりになっていく。将来再びこの地を訪れた子どもたちは、生命の尊さと、その自然循環の保全へのみずからの貢献に大きな誇りと自信を持つことであろう。

―終わりに

「持続可能な開発のための教育」の公的なプログラムが本格的に展開されだした。それは前述したとおり、持続可能な社会の実現のために教育全体を再構築しようとするものである。ツーリズムはエコツーリズムやグリーン・ツーリズムを中心としたそのプログラムの中で、環境教育、開発教育、文化教育などの教育・学習活動、さらには地域固有性の再発見、地域づくりなど、さまざまな持続可能性への顕著な貢献を行ってきた。特にその手法において目を見張るものも多い。エコツーリズムやグリーン・ツーリズムを通しての地域や地域住民とツーリストとの間の交流や学びが、自然環境の保持や人と自然との交わり、生命への尊厳、人と人とのコミュニケーション、異質なものへの適合・共感を生みだす原動力となっている。

今回事例として紹介した飯田市のツーリズムは、都市と農村のニーズをつかむ中で、地域社会をみずからの手に取り戻し、地域の誇りを取り戻す運動であったといえる。そのために彼らの活動の根底には、農村をどう理解してもらうかということが基本にあり、地域住民みずからが、自分たちの暮らしている地域の「いいもの」や「いいこと」を理解したり、再発見しようとすることが原動力になっている。そしてそこで発見された素材を活用して、多くの人たち（特に都市住民）と交流し学び合うことが、自分たちの生命を育み、人間として生きるための環境や文化を保全し、さまざまな課題を解決するための有効なツールとなっている。同時に、自分たちの住む地域や文化に誇りを持つことが、地域を託す次世代の子どもたちに歴史文化を教え、地域の誇りを感じさせていこうとする活動につながる。それが地域に生みだすメリットは計り知れないものがある。

地域づくりや地域での人づくりの観点がややもすると薄れがちな昨今において、飯田市の取り組みに、持続可能な開発のための教育を展開させていくうえでの大きなヒントがあるように思う。

謝辞

本稿の脱稿にあたって、飯田市産業経済部担当企画幹（国土交通省選定「観光カリスマ百選」、オーライ！ニッポン専門部会委員）の井上弘司氏に大変お世話になった。特に飯田に関する記述ではその多くを井上氏に拠っている。写真も同氏のご便宜により提供していただいた。ここであらためて氏のご協力に感謝いたします。

（1）日本エコツーリズム協会ホームページ（http://www.ecotourism.gr.jp）より。
（2）東海農政局ホームページ（http://www.tokai.maff.go.jp/index.html）参照。
（3）財団法人日本酪農乳業協会ホームページ（http://www.j-milk.jp）参照。
（4）南信州あぐり大学院ホームページ（http://www.city.iida.nagano.jp/agri）より。

第8章　地域文化資源のデジタル・アーカイブ化と観光教育への援用

――谷口知司

デジタル・アーカイブとは何か？

デジタル・アーカイブの目的と展開

アーカイブとは、英和辞典では「公文書記録保管所」という意味であるが、もともと古代メソポタミアにおいて王宮や神殿の記録を粘土板に刻んで保管したことに始まる。近年では、古文書や文化遺産、過去の映像、写真などを保存するライブラリーを指していうケースが多くなってきている。また、アーカイブを広く解釈して、必ずしも過去の記録の集積にとらわれずに、新しいデジタルコンテンツのアーカイブといったデータベース的な意味合いにも用いられている。

デジタル・アーカイブは、これらのかけがえのない文化的な資産を、記録精度が高く、映像再現性に優れたデジタル映像のかたちで保存・蓄積、次世代に継承するとともに、文化の創造的活動を助けるものとして、今後ますます果たす役割が重要になると認識されている。ここでは、デジタル・アーカイブ化された地域文化資源を観光教育に適用するという試みについて述べることにする。

一　デジタル・アーカイブとは？

美術館や博物館の所蔵品等の資料の保存や体系化は当然のこととして、欧米では従来から歴史的な資料等（文書・写真・映像）を保存し、さらに個々の対象物に関しての定義・背景等についての付帯事項を加えて体系化することがごく自然に行われてきている。また、これをデジタル化することがデジタル・アーカイブと認識されている。

デジタル化された情報は、紙や写真といったアナログ情報が時の経過や複写等によって劣化するのに対し、劣化の恐れがなく（媒体は劣化する）、長期にわたり保存することができるし、またデジタル化コンテンツであるためさまざまなメディアで活用できる。つまりひとつのコンテンツを多方面に利用することができるのである。

今日デジタル・アーカイブはその対象となる範囲を、社会の情報化の進展と、デジタル化の記録・管理・流通などの処理の簡易化などに対応して、従来からの美術館・博物館等の所蔵資料や歴史的な資料から、地域の持つ有形・無形の文化財や地域の固有価値、さらには地域の暮らし、生活へとその守備範囲を広げている。

一 デジタル・アーカイブの意義

デジタル・アーカイブを開発することの意義については、一般に次のように考えられている。

■画像・映像遺産の保全

過去の風景、風俗を記録した画像や映像は、その地域にとって後世に残すべき貴重な文化遺産であると考えられる。それら画像や映像遺産を散逸と消滅の危機から守り保存していこうとする活動。

■文化遺産や地域の活動の記録

劣化や損傷が進む歴史的文化財、また伝統芸能や伝統技術などの無形文化財、さらには地域固有の資源や活動をデジタル映像で記録し、後世に継承しようとする活動。

■地域映像ライブラリー

地域の今日の姿を体系的に映像で記録し、郷土学習への活用と次世代への継承を図るための映像ライブラリーの構築を目指す活動。

■地域産業アーカイブ

地域の産業活動の情報化を図るため、地域の企業が共同利用できるよう商品やデザインなどのデジタル映像データベースをつくる活動。

一　デジタル・アーカイブの目的

デジタル・アーカイブの目的を整理すると次のようにいえる。

①所蔵資料・歴史的資料や地域の資料等を記録精度が高く映像・画像・音声再現性に優れたデジタル映像や画像、音声等のかたちで記録する。

②蓄積されたデジタル映像・画像、音声等に案内情報を含む二次情報を付加し、マルチメディア・データベース化して正しく保存し随時閲覧できるようにする。

③マルチメディア・データベース化された素材をインターネット等の媒体を利用して広く情報発信・流通させる。
④デジタル・アーカイブ事業の成果の教育・研究・観光・文化・経済的側面への適用と相互連携と協力させる。
またその適用範囲もデジタル・アーカイブの対象の拡大とともに従来の教育・研究に資するものから、伝統工芸、地域の産業、観光、物産などに関わる地域振興の文化的インフラへと拡大する傾向にある。

デジタル・アーカイブの3つの視点

地域振興の見地からデジタル・アーカイブをとらえる

デジタル・アーカイブの開発にあたり、地域振興の見地から、筆者はかねてから3つの視点を提唱している。これらの3つの視点からデジタル・アーカイブをとらえることで、デジタル・アーカイブの意味がより明確になる。

①「今」を記録し残すという視点

デジタル・アーカイブについての見解では、その対象となる「こと」や「もの」そのもののアーカイブが本来的に重要であって、デジタル化された素材は、その「もの」や「こと」への接近の手段、方法にすぎないという見解もあるが、一方で、現に対象となる物や事は時代の変化とともに継承や保存されることなく消滅したり、そのかたちを変え、あるいは再生されたりもする。

その場合、現状の姿やありようを、デジタル情報として記録することによって後世に伝え（例えば「20世紀を21世紀に伝えよう」というキャッチフレーズがこれにあたる）、現在から将来に至るさまざまな場面で活用することを考えるということも、デジタル・アーカイブの積極的な活用法として有効であり、デジタル・アーカイブそのものが本質的な価値を持つことになる。

②「過去」を発掘するという視点

また、デジタル・アーカイブにとって過去の発掘という作業も重要な意味を持つ。今を未来に残すこととともに、既に現存しない文化風習、習俗、技術、道具、芸能、建物、自然等や、また現存する「もの」や「こと」の、以前の姿・ありようという「過去」を現在によみがえらせ、そして未来に継承していくという地道な活動が必要になってくる。地域住民（個人）や行政、地元企業、放送局等が持つ過去から現在に至る貴重な映像、画像（写真、ビデオ、スライド、8ミリフィルム等）を組織的・体系的に収集する必要がある。

③運動としてのデジタル・アーカイブ（地域の固有価値の発見と再確認）の視点

「今」を残し「過去」を発掘するという作業のプロセスの中で、地域社会において、地域の住民みずからが参加し、継続的に資料や素材を収集するための「運動」とも呼べるデジタル・アーカイブの作成過程においての継続的、持続的な営みが重要な意味を持ってくる。

それぞれの地域には、豊かな歴史と伝統に根ざした文化や産業がある。こうした地域が歴史的に継承してきたさまざまな方言、祭り、習俗、文化財など、地域に点在する情報資源を見直し、自分たちの郷土に誇りを持てるようにすることも地域活性化のために重要である。このために、地域に埋もれたさまざまな資料や事柄、事物を掘り起こすことが重要な意味を持つ。例えば自分たちが住む地域の中で、カメラを構えて写真を撮るという「日常の中の非日常的な行為」によって、日常見いだせなかったような多くの新しい視点にめぐり合うことがある。こうした地域の持つ宝物探しの中に、そしてそれらをデジタル・アーカイブ化する過程で、地域住民がみずからの地域の魅力を知り、愛情を持ち、さらに新しい魅力を創出するといった、地域の再発見、文化の再発見につながる契機が存在する。これは、例えば消滅に瀕していた文化の再活性化、あるいは地域住民の地域へのアイデンティティの強化などへとつながり、地域の再創造にまで至る潜在力を持つ。

一方デジタル・アーカイブ化の基準づくりや公開のような広い視野と専門性を必要とする分野では、それを支援するために専門的な組織が必要である。こうしたセンター機能を持つ組織が形成され、地域住民とＮＰＯをはじめ、さまざまな産学官民のコラボレーションが進められることに大きな意味があると考えている。

デジタル・アーカイブ開発の手順

広がりをみせるデジタル・アーカイブの対象

それでは、具体的にどのような手順でデジタル・アーカイブの開発が行われていくのか、その開発の手順についてみていくことにする。

一般にデジタル・アーカイブの開発は、その対象となる文化資料や文化活動（現物）に対し、そのデジタル化の計画と調査、対象としての文化資料・活動の記録、記録資料の情報化・データベース化、情報検索・流通、利用を考慮した作品等の制作という過程で行われる。

一　デジタル・アーカイブの対象（現物）

今日ではデジタル・アーカイブの対象となる範囲は、前述したとおり従来からの図書館、美術館、博物館等の所蔵資料や歴史的な資料から、地域の持つ有形・無形の文化財や文化活動さらには地域の暮らし、生活、固有価値までにも広がりをみせている。具体的には次のようなものがデジタル・アーカイブの対象と考えられる。

・図書館・公文書館等の所蔵資料
・博物館・美術館等の所蔵資料
・各種メディア（放送、新聞・出版等）
・芸術・文化活動（伝統芸能、演劇等）
・産業（企業）、科学技術
・名所旧跡（神社仏閣、建物、風景等）
・地域文化・祭り、生活等の地域資料
・人物
・その他

また、その利用の範囲も、デジタル・アーカイブの対象の拡大とともに、適用範囲と同様、従来の教育・研究に資するものから、伝統工芸、地域の産業、観光、物産などに関わる地域振興の文化的インフラへと拡大し、さらには経済価値の追求をも視野に入れた開発が行われている。

二　デジタル・アーカイブ化の計画と調査

デジタル・アーカイブ化の計画と調査を行う際、今後の管理だけではなく利用者の視点から、利用に配慮したデジタル化の計画・立案と制作をマネジメントする必要がある。具体的には、

・利用目的

・管理（保管）方法
・公表（発表）の仕方
・成果物の提示方法
・デジタル化の方法の技術的検討
・対象についての知識、調査（著作権、特許権等の知的財産権や所有権の調査を含む）
・交渉（権利の譲渡や使用・活用にあたっての権利の調整、許諾に関する交渉を含む）
などが必要になる。

一　文化資料・文化活動の記録

文化資料や文化活動を記録する場合に、対象の知的財産権や所有権等に配慮し撮影などの記録を行わなければならない。具体的には次のような点への配慮が必要になる。
・対象物への知的財産権や所有権についての調整が済んでいるかどうか
・プライバシー、肖像権、人権への配慮が行われているか
・記録対象についての学習が行われているか（各分野の専門家との協働の場合もある）
併せて、知識・技術的な側面では、
・カメラ、ビデオ、スキャナ等の技術、理論・知識
・デジタル化の理論およびその周辺の知識

・照明、色温度、ホワイトバランス等の知識
・録音、記録についての知識と技術
などが必要である。

一 記録資料の情報化・データベース化

ここでは、デジタル化された各種資料を、情報として活用できるかたちに構成するために、その内容項目をデータベースの各記録項目に正しく記載することや、さらにデータベースの記録項目の構成・構築、カテゴリー、索引語（シソーラスを含む）の整備等が必要とされる。つまり資料の分類の仕方やカテゴリー、記載項目の検討やメタデータの記載および作成記録のことである。メタデータとは通常「データに関するデータ（data about data）」と定義される。図書館、博物館、教育の分野などでは既存のデータ管理項目やメタデータが存在する。しかしながら、管理的な側面から構成されたものも多く、利用者の視点から再構築を検討する必要のあるものや、デジタル・アーカイブの適用範囲の拡大に伴って新たに開発を要する分野などもある。これらが整備され活用に供されることによって、記録資料の情報化がさらに促進されるようになり、活用や流通の高度化に貢献することが可能になるのである。

一　情報検索・流通、利用を考慮した作品等の制作

作品等の制作にあたり、情報検索や流通が、利用者や学習者の目的に合致し、また正確性があり、かつ容易に利用できること、またその作品が利用者を考慮したものである必要がある。近年のブロードバンド化が著しいインターネットをはじめとする情報基盤がコンテンツ配信のマルチメディア化を容易にした。デジタル・アーカイブの開発では、デジタル技術を中心としたマルチメディア活用能力を高度化させ、オーサリングシステム等を縦横に活用することで、利用者にとって価値のある作品の制作能力を高める必要がある。

地域資源のデジタル・アーカイブ化

「観光の視点」を教育の場に定着させる試み

生涯学習では、地域文化や地域の生活による「知」の伝承の重要性が叫ばれ、学校教育の現場でも、地域資料活用の必要性がいわれている。しかしながら現状ではこれら地域の文化資源が体系的にデジタル・アーカイブ化されていない。そのため、今後これらの資源を体系的に収集し、ネットワークなどを通じて情報発信するとともに、利活用を図る必要がある。これらは、デジタル化という手法を用いたアーカイブの実現によって、地域の教育関連機関における資料として利用することや、地域資料館などにおける資料として活用すること、さらには、対外的な地域ＰＲあるいは観光促進のためのツールとして活用することも想定できる。

一　観光学の学校教育への援用について

特に学校教育への活用については、近年、児童・生徒の学習活動において、地域との交流が少なく地域文化についての学習が希薄になっている状況がある。学校教育でも地域学習について総合的な学習の時間を中心として多様な方法論が用いられてはいるが、ここでは観光学の手法が有効であると考える。みずからが居住し生活する地域を知りその固有価値を見いだすという視点は観光学および観光教育が先導してきた知見である。

6章で井口貢が述べているとおり、「観光」とは地域社会における固有価値としての文化に光を当て、それを再認識・再構成して地域内外に発信することで、交流や連携を生みだして、地域の活性化を導いていく行為である。さらにその本義の拠り所、「国の光を観る」(『易経』)が示唆するように、固有価値として地域社会の光である地域文化を、地域住民がいかに示すのか、そして観光者はこれをいかに受け止め学びとり、みずからの地域社会へ帰ったときにその成果をどのように活かしていくのか。こうしたことから始まる交流と連携によってお互いの地域がブラッシュアップを図っていくことができる。

このような「観光の視点」が地域との協育のプロセスの中で、学校教育や生涯学習の現場にも定着させられる試みがなされなければならない。

しかしながら、各学校や教師個人が地域を知るための教材や資料を収集するには現実問題として多くの障害があり、また多くの労力を要することでもある。

これらを支援する地域文化の学習資料として、岐阜女子大学とNPO法人「地域資料情報化コンソーシアム」が協力し、「道の駅デジタル・アーカイブ」の構築を行った。

デジタル・アーカイブの活用

「道の駅」を地域の情報発信基地に

「道の駅」は地域の文化の集積基地としての役割を持つようになってきた。ここではその「道の駅」に、さらに地域文化資源の発信基地としての役割を機能させるために、地域の文化資源のデジタルアーカイブを活用した、データベースの構成とその教育への活用について述べることにする。

一　「道の駅」とは

そもそも「道の駅」は、長距離ドライブや、女性や高齢者のドライバーが増加する中で、交通の円滑な流れを支えるためにつくられた、休憩のための施設である。

１９９０（平成2）年1月の中国地域づくり交流会のシンポジウムで「道路に駅があってもよいのではないか」との提案がなされたことがその始まりであるといわれており、２００４（平成16）年8月10日までに７８５駅、さらに翌年には45駅が追加され、８３０駅が登録されている（国土交通省道路局発表）。

また、個々では休憩施設としての機能の他にも、多様なサービスを提供する機能を有している。

実際には、人々の価値観の多様化により、個性的でおもしろい空間が求められているため、これらの施設では、沿道地域の文化、歴史、名所、特産物などの情報を活用し多様で個性豊かなサービスを提供している。

さらに、これらの施設ができることで、地域の核が形成され、道を介した地域連携が促進されるなどの効果も期待されており、こうしたことを背景として、道路利用者のための「休憩機能」、道路利用者や地域の方々のための「情報発信機能」、そして「道の駅」をきっかけにまちとまちとが手を結び合う「地域の連携機能」の3つの機能を併せ持つ休憩施設としての「道の駅」が誕生したのである(1)。

一　「道の駅」を中心とした情報資源の流通とその活用

「道の駅」は、前に述べたとおり、沿道地域の文化、歴史、名所、特産物などの情報を活用し多様で個性豊かなサービスを提供している。「地域の連携機能」については、登録開始当初はあいまいな概念であったが、ほとんどの駅で設置されている物産販売施設では、買いものを通じた域外来訪者と地元生産者の交流が各地で実現しており、地域の活性化に大きな効果をもたらしている。一部では、商品開発などを通じた地場産業との交流なども行われている。また、「道の駅」が窓口となって周辺地域の各種施設等をコーディネートしている例もみられる。さらに地方における「道の駅」は、新しい地域の文化活動の場としての位置づけがされはじめ、本来の「道の駅」

の目的の他に、地域の内外の交流の場にもなりつつある。また、地域の生産物、文化活動などについての発信の場としての役割を持ち、さらには情報の交流の場にもなりつつある。これらの情報を結びつけ、地域全体の教育文化を支援し、さらには地域内外との交流の場としての発展が進み始めている。こうした観点から「道の駅」を眺めた場合、地域文化情報の集積・発信基地といった意味合いも持ち始めたといえる。ここに集積された多種多様な地域文化資源をデジタル・アーカイブ化し、地域の活性化や教育に適用するための情報資源の流通とその活用方法についての検討と、「道の駅」に地域文化情報資料提供のセンターとしての役割を持たせることについて、現在「地域資料情報化コンソーシアム」および「道の駅ユーザーズクラブ」(岐阜)が岐阜女子大学と協力し、「道の駅」を中心とした情報化を進めている。

一　地域文化の集積基地としての「道の駅」

わが国で最も古い文化圏のひとつである岐阜県郡上市白鳥町。白山地帯としての自然を近辺に持つ「道の駅　白鳥」を一例として、取り上げることにする。

岐阜県郡上市白鳥町に位置する「道の駅　白鳥」は、その周辺に長滝白山を中心とした豊富な自然と、白山文化博物館、長滝白山神社、スポーツ関係施設など地域文化資源が多く存在する。これらを情報資源としてのデジタル・アーカイブの構造を流通・利用面の考慮をしながら、情報発信のあり方を検討することにした。

一　「道の駅　白鳥」の中心とした地域文化資源の分布

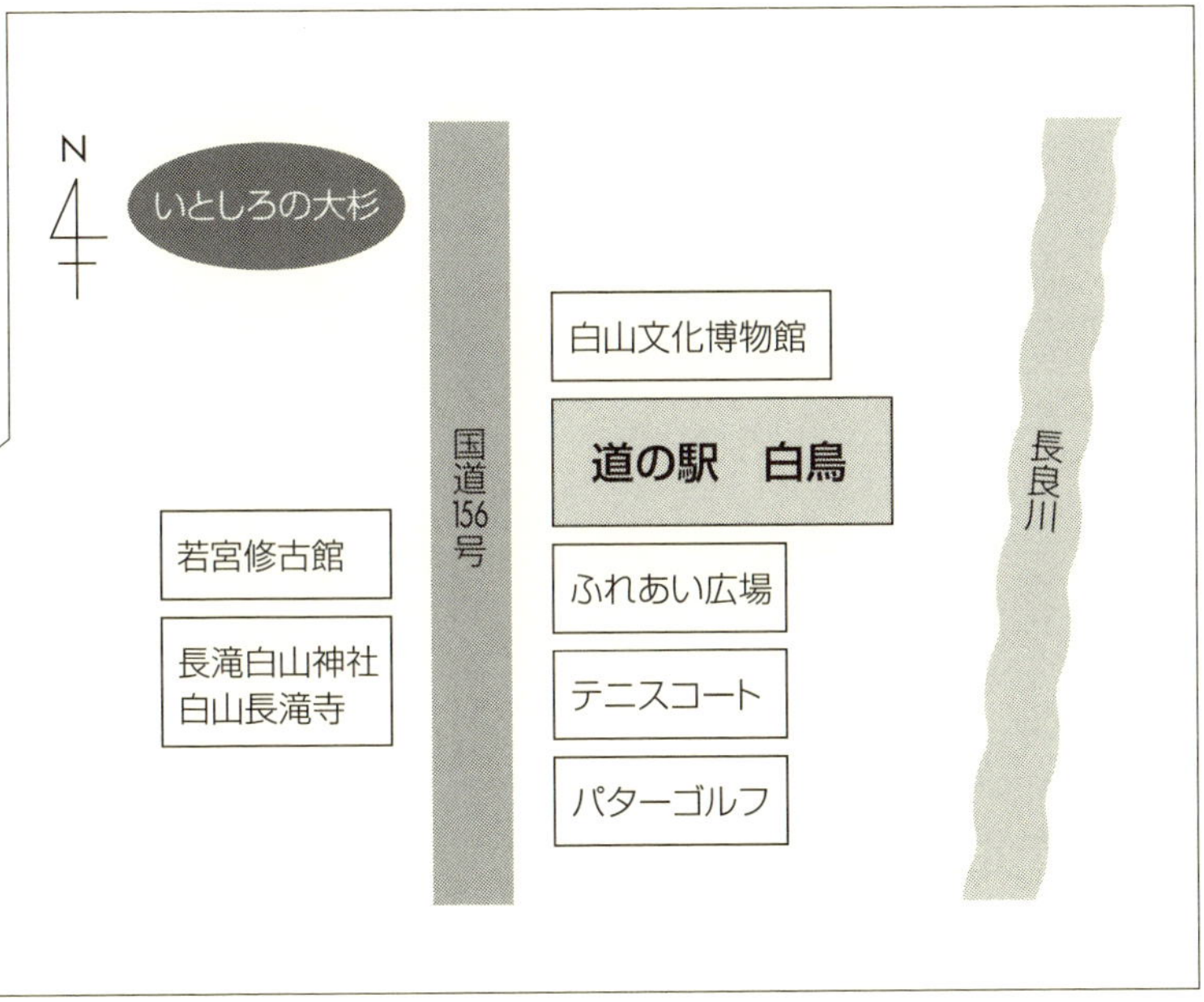

一　「道の駅」の情報提供の現状

　現在の「道の駅」のホームページでは基本情報として、施設内容、施設の写真、駐車場数、営業時間、定休日、地域の名産品、問い合わせ先、地図、近隣観光地が提示されている。

　「道の駅」による地域連携は、地域の人々、各施設との連携へ広がりだした。例えば、「道の駅」を介して、地域の人々がつくった農産物などの提供や、行事・文化活動の紹介など、地域内外への物や情報の提供・流通が進められてきた。すなわち、まちとまちの地域内外を含め、「地域の連携機能」と、「情報発信機能」が相互に作用し、新しい地域間の情報を人々に提供しはじめてきた。しかし、まだこれらの情報は、総合的なひとつの情報システムとして構成されるまでに至っていないのが現状である。

一　地域文化の情報構成

　左ページに、情報をまとめるために文化情報の分類を行った。地域文化情報の情報カテゴリーをつくるにあたって最も重要なことは、利用者にわかりやすくすることであった。

　これらのコンテンツは、歴史的に伝承されている博物館や寺社などの施設およびこれらに関連した文化・芸能の数百年の歴史資料、人々の生涯学習などの支援のためにつくられたスポーツ施設が、利用者にとってどのような視点でみられるかを考察して情報を提供する必要がある。

一　地域資料カテゴリー表

	見る	食べる	学ぶ	知る	遊ぶ
社寺などの宗教施設	長滝　延年の舞 ででででん祭り		長滝白山神社 若宮修古館		
博物館などの施設			白山文化博物館		
文化施設				白山文化博物館	
生涯施設など					白山長滝公園
地域の生産物		そば こんにゃく			
歴史的建造物			長滝白山神社 若宮修古館		
スポーツ施設など					白山長滝公園
自然	阿弥陀ヶ滝 いとしろの大杉			阿弥陀ヶ滝 いとしろの大杉	
芸能	長滝　延年の舞				
行事・祭事	長滝　延年の舞 ででででん祭り 拝殿踊り				

単なる資料整理だけではなく、教育的な配慮も必要であり、学習者や指導者がこれらをみて、いかに学習や指導をするかを考慮した構成がなされるべきである。つまり、①生涯学習として一般の人々が学習する観点や小中学生などの観点から地域の学習への活用を考えた場合と、②教師や指導者が学校教育等の現場で学習指導の素材として活用する場合の提供方法では違った構成を必要とするのだ。

そこで今回、いろいろな視点で地域資料を総合的に検討するため、253ページにカテゴリー表の作成を行った。

ひとつは、①の視点からの5つへのカテゴリー化である。これらは、観光をするときの観点をもとにしたものであり、旅行雑誌なども大きく分けてこの5つから成り立っており、生涯学習や小中学生が学習素材を選択する場合においてもわかりやすいものであると考えたからである。

もうひとつは、教育活動に適するカテゴリーの設定である。ここでは素材の提供の分類として、地域の文化財、文化施設、スポーツ施設、地域の生産物、自然等のカテゴリーを設定した。いずれの場合も重要なことは、管理者の視点からではなく、常に利用者の視点から構成されたものであることである。

また、Ｗｅｂ上では特に前者の考えにのっとり、「見る・食べる・遊ぶ・学ぶ・知る」の情報カテゴリーからなる、左ページのような情報コンテンツを構成した。

■「見る」

地域の観光地や観光施設などの画像、映像、各種資料を収集している。これらをもとに地域の活動の様子を見ることもでき、社会科、総合的学習の時間などの目的に応じて必要な資料を取りだして利用することが可能である。

■「食べる」

地域の特産物の画像、映像などを収集している。地域の食文化は、それぞれの地域の特産物が用いられたり、「寒さ・暑さ」、「高地・低地」などの自然環境、生活文化等によって多様な文

白鳥-メニュ - Microsoft Internet Explorer
白鳥
道の駅
↓クリック↓すると < 動画・静止画一覧 > がご覧いただけます↓
見る
食べる
遊ぶ
学ぶ
知る
道の駅周辺の観光情報を順次追加していく予定です！
topへ
戻る

情報コンテンツの例

化がつくられている。地域によって「道の駅」で売られている品物は違っており、特産物についての情報を比較することができる。例えば小学校の低学年に適用すれば、自分たちの居住している地域の特産物が何であるか、近隣地域間の比較、山地と平野部での比較など食文化等の違いを理解させることができる。高学年であればさらに一歩進めてその要因が何であるかといった調査への出発点として活用することができる。

■「学ぶ」

地域の歴史や文化、自然等の情報を収集している。「道の駅」周辺の博物館、資料館などの生涯学習施設の情報など学びを支援するための情報で構成されている。

■「遊ぶ」

地域の公園等のくつろぎの場、体験学習の場などの情報を収集している。地域の産物の生産体験（そば打ち、陶芸他）などを通して地域の産物やその生産の工程等を知ることもできる。

■「知る」

地域の観光課（行政の窓口）や施設のホームページ等とのリンク集として構成されており、さらに広範な知識や情報を得るために活用する。

一　中学校教育における活用

「道の駅」アーカイブにおけるデータベースは、学校教育において小学校だけではなく、さらに中学校においても活用が可能である。文部省（当時）が告示した「中学校学習指導要領」の内容をもとに検討をする。

「学習指導要領」は、教育課程全般にわたる配慮事項や総合的な学習の時間の取り扱いに関する「総則（第1章）」と、「各教科（第2章）」「道徳（第3章）」「特別活動（第4章）」の目標ならびに、内容および内容の取り扱いを規定したものである。「総則」には、「各教科、道徳及び特別活動の内容に関する事項は、特に示す場合を除き、いずれの学校においても取り扱わなければならない」（「第2　必修教科、道徳及び特別活動の内容等の取扱い」より）ことが明示され、その「内容及び内容の取扱い」は教師の授業設計の基準となっている。

ここでは、「学習指導要領」の中から中学校教育課程における各教科・領域を取りあげ、観光の本義に関連し、デジタル・アーカイブ化された地域文化資料の素材等が教育活動に特に関係すると思われる部分を選択。さらにそれぞれの「指導計画の作成と内容の取扱い」から、項目および指導上の留意事項を抽出した。これにより、観光学の示してきた地域の活性化の視点と、私が提唱している地域の宝探し（デジタル・アーカイブ）の活用場面を、授業などにおいて、教師等がイメージしやすくするとともに、具体的な活用の手立てとして示すことができると考える（傍線は筆者による）。

第2章　第1節　国語

第3　指導計画の作成と内容の取扱い

○古典の指導については、古典としての古文や漢文を理解する基礎を養い古典に親しむ態度を育てるとともに、我が国の文化や伝統について関心を深めるようにすること。その教材としては、古典に関心をもたせるように書いた文章、易しい文語文や格言・故事成語、親しみやすい古典の文章などを生徒の発達段階に即して適宜用いるようにすること。【1（4）イ】

○我が国の文化と伝統に対する関心や理解を深め、それらを尊重する態度を育てるのに役立つこと。【3（2）キ】

第2章　第2節　社会

第2　各分野の目標及び内容（歴史的分野）

○国家・社会及び文化の発展や人々の生活の向上に尽くした歴史上の人物に対する生徒の興味・関心を育てる指導に努めるとともに、それぞれの人物が果たした役割や生き方などについて時代的背景と関連付けて考察させるようにすること。その際、身近な地域の歴史上の人物を取り上げることにも留意すること。【3（1）エ】

○日本人の生活や生活に根ざした文化については、各時代の政治や社会の動き及び各地域の地理的条件、身近な地域の歴史とも関連付けて指導するとともに、民俗学などの成果の活用や博物館、郷土資料館などの見学・調査を通じて、生活文化の展開を具体的に学ぶことができ

るようにすること。【3（1）オ】

第2章　第9節　外国語

第2　各言語の目標及び内容等（英語）

○教材は、英語での実践的コミュニケーション能力を育成するため、実際の言語の使用場面や言語の働きに十分配慮したものを取り上げるものとする。その際、英語を使用している人々を中心とする世界の人々及び日本人の日常生活、風俗習慣、物語、地理、歴史などに関するもののうちから、生徒の心身の発達段階及び興味・関心に即して適切な題材を変化をもたせて取り上げるものとし、次の観点に配慮する必要がある。【3（2）】

○世界や我が国の生活や文化についての理解を深めるとともに、言語や文化に対する関心を高め、これらを尊重する態度を育てるのに役立つこと。【3（2）イ】

第2章　第5節　音楽

第2　各学年の目標及び内容（第2学年及び第3学年）

○音楽をその背景となる文化・歴史や他の芸術とのかかわりなどから、総合的に理解して聴くこと。【2 B鑑賞（1）エ】

○鑑賞教材は、我が国及び世界の古典から現代までの作品、郷土の伝統音楽及び世界の諸民族の音楽を取り扱う。【2 B鑑賞（2）】

第2章　第6節　美術

第2　各学年の目標及び内容（第2学年及び第3学年）

○日本の美術の概括的な変遷や作品の特質を調べたり、それらの作品を鑑賞したりして、日本の美術や文化と伝統に対する理解と愛情を深め、美術文化の継承と創造への関心を高めること。【2 B鑑賞 イ】

○日本及び諸外国の美術の文化遺産を鑑賞し、表現の相違と共通性に気付き、それぞれのよさや美しさ、創造力の豊かさなどを味わい、文化遺産を尊重するとともに、美術を通した国際理解を深めること。【2 B鑑賞 ウ】

○現代及び文化遺産としてのデザインの洗練された美しさなどを感じ取り、自己の美意識や美的選択能力を高めること。【2 B鑑賞 エ】

○美術作品や生活の中の造形に取り入れられている自然のよさや美しさ、素材の生かし方などを感じ取り、自然や生活と美術との深いかかわりを理解すること。【2 B鑑賞 オ】

第3章　道徳

第2　内容

○地域社会の一員としての自覚をもって郷土を愛し、社会に尽くした先人や高齢者に尊敬と感謝の念を深め、郷土の発展に努める。【4 (8)】

○日本人としての自覚をもって国を愛し、国家の発展に努めるとともに、優れた伝統の継承と

新しい文化の創造に貢献する。【4（9）】

一　終わりに

これらのデジタル・アーカイブは現状において、各地の生活文化、産業、観光文化、さらに周辺の文化財等の情報を提供する代表的な情報源になる。この情報の小学校教育への活用は総合的学習の時間、家庭科、生活科、社会科など多くの教科の地域資料としての利用が可能である。例えば食文化では地域の農産物、食品、さらには地域を代表する食（料理等）の情報を提供する。また「道の駅」周辺の食文化を紹介し、さらに、これらについての歴史的な背景などの文化面を知る情報提供もされている。他の分野の学習においても同様な活用ができ、これらの地域文化を児童・生徒にも理解できるような構成で提供している。

『みち（道）』とは、観光の主目的のひとつともいえる交流の表象であり、文物の流通や交換に代表される社会・経済文化の重要な舞台である」(2)

この道の現代の宿場たる「道の駅」に、地域の文化・経済が集積し、地域文化資料のデジタル・アーカイブの情報発信基地としての役割を果たすというのは、あながち不思議なことでもない。

また、観光学が唱えてきた地域振興やまちおこしの考えや方法を、いかに教育（生涯学習、学校教育）の現場に適用し、そこでどのような役割が果たせ、どのような貢献ができるのかということが論じられなければならない。私自身は観光のまなざしが、地域の振興のみならず、地域の教育への大いなる貢献を果たすことができると信じている。

（1）国土交通省道路局「道の駅」ホームページ（http://www.mlit.go.jp/road/station/road-station.html）より。

（2）『観光文化の振興と地域社会』井口貢・編著、ミネルヴァ書房、２００２年、５〜６ページ、井口貢「観光と文化の位相」より。

おわりに

本書は、「地域に学ぶ文化政策」という副題が施してある。

周知のように、文化政策の関心領域は多様で多義にわたるが、基本的には芸術や文化を振興していくための公的支援を意味するものとして昨今注目を集めてきたという経緯がある。誤解を恐れずにいうならば、いわゆる高級芸術や高等文化の担い手を支援して（パトロネージュして）、その享受の機会を創出し拡大していくことが文化政策のひとつの課題であるとしたら、地域社会の中で普通に働き、普通に暮らし生きている人々（柳田的常民）の日常の時間と空間の中において、文化的・創造的環境を整えることで心豊かな暮らしを実現し、持続可能なコミュニティのあり方を考究することもまた重要な文化政策の課題であると思う。

そのためには、中国の古典『易経』の中に示された「観光」の本義に即した地域教育と地域連携がなされなければならないと強く感じる。すなわち、「国の光を観して、観つめること」と「努力して国の光を発掘し育てること」がそれに当たる。

ここでいう前者の光は、「固有価値を持った、かけがえのない地域の文化と宝物」、後者は「地域内の有能な若い人材」である。

「地域の光」に矜持を持った有能な人材が、地域の中で連携と協働に基づいた「新たな公」を形成することで、地域はさらに光り輝き、有能な人材もさらに輩出されるに違いない。そして有能な人材は、地域で普通に暮らしている人の中に存在し、光り輝く固有価値としての文化は、普通の暮らしの蓄積とそれに基づく記憶の表象である。

そう信じて私たちは、この本を上梓した。ただその能力の浅学さゆえに、どこまでそのことが伝えられているかどうかは、甚だ心細くはある。

しかし、かつて同僚であったり、あるいはおなじ大学（谷口知司氏と私はかつての同僚であり、津田敏之、鳥羽都子、高見啓一の3氏は、京都橘大学大学院文化政策研究科への社会人入学の第1期生。そして、高見氏の修士論文において主査を務めたのは不肖、私であった。谷口氏はもちろん研究者として活躍中であるが、他の3氏は文化政策の実践の現場で獅子奮迅中）の中でともに学んだりと、縁あって共著者となった4人の方々には衷心より感謝するとともに、私たち5人を取り巻くすべての環境と人々に心よりの謝意を表したい。そして、最後となって誠に恐縮といわざるを得ないが、本書の校正段階から丹念なお仕事でご協力いただいた青丹社の安田博勇氏には心より謝意を表したい。

井口　貢

執筆者を代表して

2章

●『団塊ひとりぼっち』山口文憲、文藝春秋、2006年
●『団塊世代を総括する』三浦展、牧野出版、2005年
●『夢を描きつづけて悔いなし』伊藤務、リュウコーポレーション、2001年
●『平和への祈り――戦後六十年に語りつぐ』春日井市自分史の会共同、2005年
●『観光文化の振興と地域社会』井口貢・編著、ミネルヴァ書房、2002年
●『文化経済学の視座と地域再創造の諸相』井口貢、学文社、1998年
●『浪人だった頃――亡き友に約束して』塚田守、マナハウス、2003年
●『社会学的アプローチ――社会の諸相を把握する』池田勝徳・編、新泉社、2005年
●『コレクション 鶴見和子曼荼羅II人の巻――日本人のライフ・ヒストリー』鶴見和子、藤原書店、1998年
●『女書生』鶴見和子、はる書房、1997年
●『口承文芸史考』柳田國男、講談社、1976年
●『私たちの中にある物語――人生のストーリーを書く意義と方法』塚田守、ミネルヴァ書房、2006年
●『物語られる「人生」――自分史を書くということ』小林多寿子、学陽書房、1997年
●『まちづくりオーラル・ヒストリー――「役に立つ過去」を活かし、「懐かしい未来」を描く』後藤春彦他、水曜社、2005年
●『地域の文化拠点――美術館・博物館、文化会館』420号、ぎょうせい、2003年9月
●『現代のエスプリ――自分史』338号、至文堂、1995年9月
●「椙大国際コミュニケーション学部研究論集――言語と表現」椙山女学園大学国際コミュニケーション学部、2004年3月、塚田守「ライフストーリーの社会学の試論 自己表現を高める一つの教育実践の方法として」
●「語りと自分史――教育実践の試み」椙山女学園大学国際コミュニケーション学部、塚田守編、2003年3月
●「第3回自分史シンポジウム 地域文化に根づいた自分史活動 報告書」、2001年
●「第4回自分史シンポジウム 深まる楽しみ・広がる輪 報告書」、2002年
●「第6回自分史シンポウム サークル活動で広がる新たな世界 報告書」、2005年

3章

●『米原町史――通史編』米原町史編さん委員会・編、米原町役場、２００２年
●『ば・ばんば・ばん２００号記念縮刷版』ば・ばんば・ばん編集委員会・編、東番場区、２００４年
●『近江の城――城が語る湖国の戦国史』（淡海文庫9）、中井均、サンライズ印刷出版部、１９９７年
●『戦国の山城・近江鎌刃城』米原市教育委員会・編、サンライズ出版、２００６年
●『米原町内中世城館跡分布調査報告書』米原市教育委員会・編、米原市教育委員会、２００６年
●『番場ふるさとの昔話』番場ふるさとの昔話採集者一同・編、佐々木洋一・画、滋賀県米原市西番場区、２００６年
●『北近江で「日本の故郷」を再発見！――湖北エコミュージアムへの招待』湖北エコミュージアム推進協議会、２００６年
●『観光文化の振興と地域社会』井口貢・編著、ミネルヴァ書房、２００２年
●『臨地まちづくり学』織田直文、サンライズ出版、２００５年

〈ウェブサイト〉

○「番場の歴史を知り明日を考える会」ホームページ
http://www.biwa.ne.jp/~mine-izu
○地域活性化センター（第2回近江中世城跡琵琶湖1周のろし駅伝）ホームページ
http://www.chiiki-dukuri-hyakka.or.jp//6_gyomu/event_grandprix/8thevent/norosi.htm

4章

●『教育とは何か』太田堯、岩波書店、１９９０年
●『子どもの権利条約を読み解く』太田堯、岩波書店、１９９７年
●『講座 人間と環境 第7巻――子どもの成長と環境 遊びから学ぶ』松澤員子・編、昭和堂、２０００年
●『柳田国男全集 第12巻』（「こども風土記」）、筑摩書房、１９９８年
●『子どもの民俗学――一人前に育てる』大藤ゆき、昇栄社、１９８２年
●『柳田國男――教育論の発生と継承』谷川彰英、三一書房、１９９６年
●『子どもの育ちを考える――遊び・自然・文化』藤本浩之輔、久山社、２００１年
●『教育思想史』小澤周三他、有斐閣、１９９３年
●『学校と社会』デューイ、宮原誠一・訳、岩波書店、１９５７年
●『民主主義と教育 上・下』デューイ、松野安男・訳、岩波書店、１９７５年
●『子どもの参加の権利』喜多明人・坪井由美・林量俶・増山均・編、三省堂、１９９６年

●『まちづくり読本②――こどもとまちづくり』こどもとまちづくり研究会・編、風土社、2000年
●『子どもの参画』ロジャー・ハート、萌文社、2000年
●『地域社会における青少年の社会参加とこれを実効あらしめるための諸条件づくり』松原治郎他、総理府青少年対策本部、1977年
●『彦根商店街連盟版公式ガイド』彦根商店街連盟・編、彦根商店街連盟、2003年
●『文化政策学――法・経済・マネジメント』後藤和子・編、有斐閣、2001年
●『現代のまちづくり』池上惇他・編、丸善ライブラリー、2000年
●『文化政策入門』池上惇他・編、丸善ライブラリー、2001年
●『文化経済学の視座と地域再創造の諸相』井口貢、学文社、1998年
●『まちづくり診断――地域再生のドラマを追って』織田直文、清文社、1992年
●『子ども・若者の参画――R・ハートの問題提起に応えて』子どもの参画情報センター、萌文社、2002年
●『児童館・学童保育と共生のまち――「まち探検」からまちづくりへ』児童館・学童保育21世紀委員会・編、萌文社、1997年

〈ウェブサイト〉
○愛知県立岡崎商業高校「OKASHOP」ホームページ
http://www.okazaki-ch.aichi-c.ed.jp/content_files/okashop/index.htm
○岐阜県立岐阜商業高校「ベンチャーマート」ホームページ
http://www.kengisho.ed.jp/bukatsu/bukatsu.htm
○愛知県立一宮商業高校「一商ショップ　Re－Cubic」ホームページ
http://www.ichinomiya-ch.aichi-c.ed.jp/11recubic/recubic.htm

5章
●『子育ち支援の創造――アクションリサーチの実践を目指して』小木美代子他・編、学文社、2005年
●『公民館・コミュニティ施設ハンドブック』日本公民館学会・編、エイデル研究所、2006年
●『子どもの文化』2006年3月号、(財)文民教育協会・子どもの文化研究所・編、高見啓一「子育ち支援から市民活動支援へ」
●『月刊社会教育』2006年12月号、「月刊社会教育」編集委員会・編、高見啓一「20代の若者がNPO法人を立ち上げて公民館を受託」

●『図説 地方財政データブック』出井信夫他・編、学陽書房、２００５年
●『社会教育法解説・公民館の建設』寺中作雄、国土社、１９９５年
●『住民の学習と資料』社全協資料委員会・編、社全協資料委員会、１９７６年
●「米原市自治基本条例」（２００６年9月1日施行）、米原市

〈ウェブサイト〉

○米原市ホームページ
http://www.city.maibara.shiga.jp
○米原公民館長ブログ「女館長太腕繁盛記（笑）」
http://blogs.yahoo.co.jp/megumail0523

6章

●『ＮＧＵまちづくり研究』第4号、名古屋学院大学総合研究所、２００５年

7章

●『エコツーリズムとマス・ツーリズム――現代観光の実像と課題』吉田春生、原書房、２００４年
●『観光につける薬――サスティナブル・ツーリズム理論』島川崇、同友館、２００２年
●『ヨハネスブルグ・サミットからの発信 持続可能な開発をめざして――アジェンダ21完全実施への約束』「エネルギーと環境」編集部・編、エネルギージャーナル社、２００３年
●『グリーン・ツーリズムの文化経済学』多方一成、芙蓉書房出版、２０００年
●『グリーン・ツーリズム実践の社会学』青木辰司、丸善、２００４年

8章

●『デジタル・アーキビスト概論』後藤忠彦・監修、谷口知司・編著、日本文教出版、２００６年
●『観光文化の振興と地域社会』井口貢・編著、ミネルヴァ書房、２００２年
●「中学校学習指導要領」文部科学省、２００５年
●『文化遺産マネジメントとツーリズムの持続可能な関係構築に関する研究』西山徳明・編、国立民族学博物館、２００６年

〈ウェブサイト〉

○「ＥＳＤ—Ｊ」（「持続可能な開発のための教育の10年」推進会議）ホームページ
http://www.esd-j.org

執筆者プロフィール

井口貢（いぐち・みつぐ）

京都橘大学文化政策学部教授。

1956年滋賀県生まれ。岡崎女子短期大学助教授、岐阜女子大学助教授、京都橘女子大学助教授などを経て現職。専攻・関心分野は、文化経済学、文化政策学、観光文化論、まちづくり文化論。著書に『文化現象としての経済』『文化経済学の視座と地域再創造の諸相』『観光文化の振興と地域社会』『まちづくり・観光と地域文化の創造』などがある。2007年4月より、同志社大学政策学部教授に就任。

鳥羽都子（とば・みやこ）

財団法人かすがい市民文化財団文芸グループマネジャー。

福岡県生まれ。京都橘女子大学文化政策学研究科博士前期課程修了。文化政策学修士。株式会社ぎょうせいの地方自治体ソフト事業支援部門で、各種地域計画策定やまちづくりイベントなどに携わった後、観光系専門学校の講師などを経て現職。専攻・関心分野は、文化政策学、観光文化論、文化施設マネジメント。

津田敏之（つだ・としゆき）

米原市役所職員。

1957年滋賀県生まれ。京都橘大学大学院文化政策学研究科博士前期課程修了。大学時代からバンジョー奏者としてブルーグラス音楽に傾注し、卒業後奉職した米原町役場（現、米原市役所）でまちづくりを長年担当。京都橘大学の社会人院生として博士後期課程で音楽コミュニティとまちづくりをテーマに研究中。著書に『米原町史 通史編』（共著）がある。

高見啓一（たかみ・けいいち）

特定非営利活動法人FIELD（米原市米原公民館指定管理者）専務理事。

1978年東京都生まれ。京都橘女子大学大学院文化政策学研究科博士前期課程修了。明治大学卒業後、米原市役所（旧、米原町）に5年間勤め、公共交通・まちづくり・児童福祉等の担当部署を歴任し退職。2006年度より現職。

谷口知司（たにぐち・ともじ）

岐阜女子大学文化創造学部教授。

1955年大阪府生まれ。東北大学大学院教育情報学教育部博士前期課程修了。岐阜女子大学文学部観光文化学科助教授を経て現職。同大学院文化創造学研究科教授兼務。専攻・関心分野は、教育情報学、文化情報学、観光文化論、観光情報論。著書に『デジタル・アーキビスト概論』『コンピューティングとコミュニケーション』『観光文化論』（共著）などがある。

まちづくりと共感、協育としての観光
地域に学ぶ文化政策

二〇〇七年三月一二日　初版第一刷

編著者　井口貢
発行者　仙道弘生
発行所　株式会社 水曜社
〒160-0022 東京都新宿区新宿一―一四―一二
電話　〇三―三三五一―八七六八
ファックス　〇三―五三六二―七二七九
www.bookdom.net/suiyosha/

印刷所　中央精版印刷
制作　青丹社
装幀　西口雄太郎

定価はカバーに表示してあります。
乱丁・落丁本はお取り替えいたします

ISBN978-4-88065-188-0　C0036